조선후기 북학파의 대중관 이해

동아시아 중세국제이데올로기
-화이론-의 해빙

조선후기 북학파의 대중관 이해

동아시아 중세국제이데올로기
-화이론-의 해빙

전홍석

한국학술정보[주]

글을 쓰게 된 취지

　나는 본 논고에서 조선 후기 북학파의 화이일론(華夷一論)적 세계관과 관련하여 유학의 화이사상을 종교성, 윤리성보다는 중세국제이데올로기라는 차원에서 다루어보고자 했다. 그럼으로써 한국의 도덕철학의 원형인 유학적 가치를 객관화하고 싶었다.

　화이사상은 종래의 비합리적이고 비과학적인 천원지방·천동지정의 우주관과 세계관에 기반한 것이다. 그리고 그것은 중국 중심의 천하관을 만들어 내어 중세적 국제 질서 및 사회 질서를 합리화시킴으로써, 각 민족 국가의 자주성 확립과 주체적 발전을 제약하는 하나의 질곡으로 작용하였다. 뿐더러 조선 후기 대외 교류 차원에서도 그것은 우리 민족의 진취적 해외 활동을 제약함은 물론, 외래문화와 자율적이고 능동적인 교류와 접촉을 방해하는 민족사적 역기능으로 자리 잡고 있었다.

　사실 잘못된 이념은 어떤 권위의 요청에서 비롯되며 그 권위는 역사적으로 끊임없이 비호되기 마련이다. 화이사상 역시 여기에 편승되는 면이 많았다. 21세기 오늘에 와서도 화이론적 대일통사상은 현대 중국 공산당의 중화민족주의 강화 노선상에서 재생산되는 조짐이다.

만에 하나 현 중국 정부가 여러 내우외환의 타결책으로 중화문화제국주의의 부활을 꿈꾼다면, 이것은 또 하나의 중심 문화의 강권일 수밖에 없다.

이로 볼 때 북학파의 화이일론의 현대적 의미는 이러한 문화강권주의에 대한 억제와 저항에 있다고 하겠다. 화이일론이 과거의 전통 시대에는 특권적 중심 문화를 향한 소외된 주변 문화의 권리 찾기였다면, 이제 그것은 우리는 하나라는 상호 동일성의 평화공존의식이라 할 것이다. 이처럼 우리는 이 글에서 북학파의 화이일사상이 현대의 반강권화를 위한 우리 민족의 소중한 비판적 문화유산임을 확인하게 될 것이다.

목 차

첫째 마당

들어가는 말

　외부 세계와의 끊임없는 문화적·사상적 대화는 고유문화에 대한 새로운 활력소의 제공을 의미한다. 그리고 외래문화와의 다각적인 접촉은 고유문화의 외연적(外延的) 함의를 확장시키는 바로 창조적 작업에 해당한다. 한 문화권 내에 문화의 고유성과 외래성이 활발하게 율동해야만 전통문화의 대응 작용과 면역성이 강화되어 자문화의 지속적인 발전을 꾀할 수가 있다. 이러한 사실로 비추어볼 때 북방의 중국은 우리 민족문화의 외래적 활력원이었음에 틀림없나. 그들은 인류 문명의 원천 중의 하나로서 세계의 거대한 힘으로 존재했기 때문에, 문화 파급의 강도는 더욱 컸음은 물론 지정학적으로나 문화적으로도 그 영향력은 절대적이었다.

더구나, 과거 우리에게서 중국의 의미는 세계와 통하는 세계의 문호(門戶)였다. 그들은 세계의 여러 나라에서 흘러 들어오는 각양각색의 문물들을 직접 또는 간접적으로 전달해 주는 문화의 매개자였다. 동시에, 대륙이라는 광대한 문화 용광로를 통해 세계의 여러 조제 문화(粗製文化)들을 융해해 정제(精製)시키는 문화의 정화자(淨化者)이기도 했다. 이러한 역사적 실례는 역대로 불교적·유교적 정치 교양, 정주학적(程朱學的) 유학, 서학(西學)의 수용 등 그 예는 허다하다.

특히, 본 글의 주 대상이 되는 조선 후기 청(淸)으로부터 채용·전래된 서학-천주학과 서양 근세의 과학 기술 및 그 사상; 청조 문물-청조의 전성기에 드러낸 융성한 문화와 능률적인 생산기술; 그리고 청조 실학(實學)-사회제도에 관한 경세학(經世學), 경전을 중심으로 하는 문헌과 금석문자의 객관적 해석을 추구하는 고증학(考證學)[1] 등을 꼽을 수가 있을 것이다.

이처럼 중원국을 포함한 건강하고 참신한 선진 외래문화와의 긍정적 대외 교류는 역대 우리 민족 전통문화와 사상의 발전이라는 측면에서 마땅히 지속되어야 할 역사적 당위성이 있는 것이다. 그러나 불행히도 조선 후기 중국을 통한 선진 문물의 수용에 있어 그 선행적으로 해결하지 않으면 안 될 정치·문화 이데올로기의 장애가 횡재(橫在)해 있었다. 그것은 다름 아닌 정주학적 화이의식(華夷意識)의 집착이라 하겠다. 이런 형태의 명분론은 당시 중원 대륙을 지배하고 있던 호이(胡夷)의 청조에 대한 고고(孤高)와 봉쇄의 완고한 쇄국책

---

1) 琴章泰, 「明淸思想의 受用과 朝鮮後期 實學의 樣相」, 『宗敎學硏究』, 第13 輯, 서울大, 1994, 參考.

(鎖國策) 고수라는 역사 역기능으로 이어졌다. 뿐만 아니라, 민족과 국가의 전반에 걸쳐 폐쇄성과 고립성을 조장하여 자국 내 민생 피폐의 주 요인으로 작용했던 것이다.

이 화이사상으로 기인된 민족사적 역기능은 우리 민족의 진취적 해외 활동을 제약함은 물론, 외래문화와의 자율적이고 능동적인 교류와 접촉을 방해하였다. 이로 인해 건강하고 참신한 선진 문화와의 끊임없는 신진대사를 통한 문화의 창조적 재구성의 활로가 막혀, 활발하고도 지속적인 민족문화의 창조적 진화가 저해되었다.

게다가, 이 화이론은 동아시아의 중세국제이데올로기로 기능하고 있었다. 때문에 이것은 당시 개인뿐 아니라, 민족·국가·국제 사회에 이르기까지 관념적으로나 이념적으로 교조적 속박을 가하여 그 정치·경제·문화 등 사회 전반을 경화(硬化)시켰다. 또 어떤 면에서는 우리 민족의 질곡이 되어 사상적 운신의 폭을 협소화시켜 근대를 향한 새로운 사상과 질서 규범의 창출에 막대한 지장을 초래한 것도 사실이다.

이러한 민족사적 모순 속에서 조선 후기 역사 무대에 등장하게 된 철학사상이 북학사상(北學思想)이다. 북학사상은 앞에서 언급한 명분주의(名分主義)와 선명한 대비(對比)를 이룬다. 박제가(朴齊家)는 『북학의』(北學議) 서문에서, 『맹자』(孟子) 속 진량(陳良)의 말을 취하여 '북학의'라 했다[2]고 말한다. 이를테면, 북학은 중국을 배우는 중국학

---

2) 『北學議』, 「自序」, "輒隨其俗之可以行於本國, 便於日用者, 筆之於書, 並附其爲之之利, 與不爲之弊, 而爲說也, 取孟子陳良之語, 命之曰北學議."; 『孟子』의 陳良에 관한 내용을 보면, "나는 중화의 법을 써서 오랑캐를 변화시켰다는 말은 들었어도, 오랑캐에게 변화당했다는 말은 듣지 못하였다. 진량은 초나라 태생으로서, 주공과 중니의 도를 좋아하여 북쪽으로 중국에 가서 공부하거늘 북방의 학자들이 혹시라도 그보다 앞선 자가 없었으니, 저는 이른바 호걸의 선비이다."(『孟子』, 「滕文公上」4. "吾聞用夏變夷者, 未

임을 알 수 있다. 그러나 북학사상에 있어서 그 북학론이 가지는 의미는 문자 그대로 북(중국: 周公과 孔子의 사상)에서 배운다고 하는 데만 한정된 것은 아니다. 그것은 일반적으로 외국문화에 대한 수용 태도를 일컫는 말로 오랑캐(清・西)로부터도 배운다는 데에 있다.3)

사실 화이의 이라는 개념 속에는 호이, 서이(西夷), 왜이(倭夷) 등이 모두 포함되어 있다. 이로 볼 때 북학사상은 당시 이적시하여 배척하고 질시했던 청뿐만 아니라, 이후 근대 개화기에 서양과 일본에 이르기까지 그들의 선진 문물을 수용할 수 있게끔 하는 하나의 사상적 터전을 마련했다는 데 의미가 있다고 하겠다. 더욱이, 북학철학은 조선의 위상을 세계 만국과 대등한 차원에서 독립적으로 가치 설정하고자 한 데서 기저된다. 그리고 근대로 향하는 사상적 개문(開門), 즉 그때까지의 동양 편향적 계서(階序)로부터 탈피하여 세계적 질서 속으로의 편입을 위한 하나의 준비였다는 점에서 그 역사 가치가 있는 것이다. 그러므로 북학사상은 진보적인 역사 경락(經絡)을 마비시킴과 동시에 기득권층의 하나의 지식보존체계로까지 퇴색해 변질돼 버린 바로 화이론적 명분주의의 해체를 의미한다. 더 나아가, 새로운 시대의 민족사적 가능성을 알리는 해방적 신사회사조의 출발이 아닐 수 없다.

한국의 실학사상(實學思想)이 현실성, 실용성, 개방성, 과학성, 실증성 등의 근대적 성격을 지님으로써, 근대 개화사상 형성에 하나의 중요한 모태가 되었다는 연구는 널리 알려진 바이다. 이러한 실학적

聞變於夷者也. 陳良楚産也, 悅周公仲尼之道, 北學於中國, 北方之學者, 未能或之先也, 彼所謂豪傑之士也.")라 했다. 이로 볼 때 북학은 周公과 孔子의 사상으로 대표되는 原初儒學思想이겠지만, 북학파의 입장에서는 이것은 선진문화(清・西)수용이라는 보다 확장된 개념이었다.

3) 姜在彦, 『韓國近代史研究』, 청아출판사, 1988, 40쪽.

성격은 상호 긴밀하게 연관되어 있지만. 그중에서도 북학파의 대외개방의식은 화이론적 세계관의 극복을 통한 근대적 세계관으로의 전환으로 형성되었다[4]는 점은 특기할 만하다. 이것 역시 개화사상가들의 사상적 핵심으로 견지되고 있다.

이렇듯이 조선 후기 북학사상을 고찰함에 있어 화이사상과의 그 상관관계성 논의는 곧바로 북학사상의 형성 요인, 화이명분론 극복을 통한 대청(서) 교류, 북학파의 근대 지향적(近代志向的) 민족주체성의 각성, 북학의 현실구현론 등등 북학사상과 관련된 제반 사안과 밀접하게 접맥되어 있음을 알 수 있다. 이에 조선 후기 우리 민족의 대중관(對中觀) 이해에 관한 한 그 핵심은 전통 화이사상과의 상관관계, 즉 화이사상에 대하여 교조적인 태도는 명분론자의 대외폐쇄성으로, 화이사상에 대하여 개방적인 태도는 북학론자의 대외개방성으로 이어진다고 판단하고 이를 중요 기점으로 삼아 본 글의 논지를 전개하고자 한다.

---

4) 孫炯富, 『朴珪壽의 開化思想 研究』, 一潮閣, 1997, 25쪽.

둘째 마당

북학사상의 형성 요인

　북학사상의 형성 요인에 있어 이미 발표된 학계의 연구 성과를 몇 가지 살펴보면 크게 두 가지 측면으로 요약할 수가 있겠다. 하나는 외인적(外因的)인 면 - 낙하(洛下)의 상황적인 요인, 즉 서양 과학의 유입에 따른 새로운 세계관 형성 - 을 기본적으로 수용하면서, 내인적(內因的)인 면 - 낙론(洛論)의 인물성동론(人物性同論)과의 사상적 계기 요인(繼起要因) - 에 중점을 두는, 곧 낙학(洛學)과 북학의 내적 연관을 중시하는 태도이다. 다른 하나는 사상의 내인적인 면보다는 인맥적인 연관을 이용하여 연행(燕行)으로 인해 청의 선진 문물과 서구의 과학사상에 눈을 뜨게 되었다는 외인적인 면에 중점을 두는 것이다.

전자로는 유봉학(劉奉學), 정옥자(鄭玉子)를 꼽을 수 있다. 유봉학의 말을 먼저 보자면 "그(洪大容)는 인물성동의 낙론을 논리적 기초로 하여 인물균(人物均)의 논리를 끌어내고, 여기서 다시 이용대상물로서의 물(物)이라는 새로운 물론(物論)에까지 나아감으로써 획기적인 사고의 전환을 기하였던 것이다."[5]……"결국 담헌(湛軒)의 인물균, 연암(燕巖)의 인물막변(人物莫辨)의 논리는 낙론의 인물성동론의 논리적 전개로써 성립하였던 것이라 하겠는데, 여기서 우리는 호론(湖論)의 윤봉구가 장차 낙론이 인수무변(人獸無辨)의 지경에 이를 것이라고 하였던 바로 그 결과와 그 함의는 다르지만 이들에게서 하나의 논리적 기초로 수용되어 대담하게 제시되고 있음을 보는 것이다."[6]라 하였다.

또한 정옥자는 "권상하(權尙夏)의 제자인 이간(李柬)과 서울에서 벼슬살던 학자들인 이재(李縡)·김창협(金昌協)·김창흡(金昌翕)이 중심이 된 낙론은 인성(人性)과 물성(物性)이 본질적으로 같다는 인물성동론으로서 화이론을 극복하는 논리 체계를 제시하였다. ……인물성동론의 논리로 중화와 이적의 구분이 없어짐으로써 대청의식은 변화할 수밖에 없었다. 나아가 사람에 대한 관심인 심성론(心性論)뿐만 아니라 물체에 대한 관심으로 관심 영역이 확대되어 가는 과정에서 물(物)에 대한 과학적 인식은 생산력에 대한 관심도 증대시켰다……인물성동론에서 도출한 인물막변의 논리로써 사람과 물체를 구별할 수 없다고 하여, 조선이 이(夷)라는 자아의 각성과 함께 청의 문화가 곧 중화문

---

5) 劉奉學, 『燕巖一派 北學思想 硏究』, 一志社, 1995, 96쪽.
6) 上同, 99쪽.

화라는 재평가가 가능해진 것이다. 이에 청은 타도 대상이 아니라 배워야 할 대상이고, 그 길만이 1세기 이상의 폐쇄성과 낙후성을 극복하여 발전을 모색할 돌파구로 인식되어 북벌(北伐)에서 북학으로의 대전환이 집권층 자체 내에서 제기된 것이다."[7]라고 주장하고 있다.

이들은 곧 낙론의 인물성동론이 인물균론(洪大容의 경우)과 인물막변론(朴趾源의 경우)으로 변용(變容)되고, 여기서 다시 이용대상물로서의 물(物)이라는 새로운 물론에까지 나아감으로써 북학사상이 태동(胎動)되었다고 주장을 펴고 있는 것이다.[8]

후자로는 허남진(許南進), 김용헌(金容憲)이 그 대표적인데 허남진은 "낙학의 중심계보에 속하면서도 성리학적(性理學的) 세계관 자체에서 벗어나는 홍대용철학의 모순된 두 양상은 당시 성리학의 내적 발전이라는 계기(繼起)만으로는 설명하기 어렵다. 홍대용이 새로운 사상을 전개하게 된 것은 당시 수용되기 시작한 새로운 학문 즉 중국을 통해 들어온 천문학을 비롯한 서양 과학의 영향을 받아 새로운 세계관을 지니게 되었고 그 새로운 세계관을 기존의 인물성론(人物性論)과 접합시킨 결과가 아닐까. 그렇게 되면 인물성동론의 토대 위에서 인물균(人物均)의 입장을 확립하고 여기서 새로운 물론과 과학적 탐구가 전개된다는 설명과는 반대의 과정으로 홍대용의 철학을 설명하는 셈이 된다."[9]라고 말한다.

또한 김용헌은 "이것은 낙론, 즉 인물성동론으로부터 새로운 물론이 나왔다는 견해와 다르다. 그러한 (유봉학 등의) 견해는 영남(嶺

---

7) 鄭玉子, 『朝鮮後期 歷史의 理解』, 一志社, 1995, 151~153쪽.
8) 李相益, 「洛學에서 北學으로의 思想的 發展」, 『哲學』 제46집, 1996 봄, 5~6쪽.
9) 許南進, 「洪大容(1731-1783)의 科學思想과 理氣論」, 『아시아文化』 第9輯, 翰林大, 1993, 5쪽.

南) 남인(南人)들의 인물성동론을 고려하지 않았을 뿐만 아니라 낙하(洛下)의 동론자들만 하더라도 북학을 옹호하지 않은, 즉 정통 주자학(朱子學)을 옹호했던 학자들이 많았다는 점을 설명해 주지 못한다. 오히려 서양 과학의 유입에 따른 자연에 대한 과학적 탐구의 필요성이 자연을 포함한 존재에 대한 새로운 이해를 가져왔고, 그 결과 낙론의 인물성동론과는 다른 홍대용의 인물성동론이 나왔다고 보는 것이 더 설득력이 있을 것이다. 다시 말해 홍대용은 서양 과학의 수용 내지는 실학적 학문관을 정당화하기 위해 낙론의 인물성동론을 끌어들여 자기식으로 개조했다고 이해해야 한다는 것이다."[10]라고 역설하고 있다.

이상의 내외인적인 논리와 그 궤를 같이 하면서도 또 다른 측면에서 접근을 시도하고 있는 것으로 매우 호소력을 지니는 강재언(姜在彦)과 이상익(李相益), 그리고 중국인 학자 갈영진(葛榮晉)의 설을 들 수 있다. 먼저 강재언은 그의 저서 『한국의 개화사상』에서 북학의 촉발 요인을 종래의 허학화(虛學化)한 전통 유교에 대한 내재적 비판으로서의 실학을 계승하면서 비롯되었다고 설명하고 있다. 즉 성호학파(星湖學派)와 다름없이 북학사상에 있어서도 이이(李珥)와 유형원(柳馨遠)의 경세치용적(經世致用的) 학풍의 영향과 가까이는 북학파와 더불어 실학의 양대 산맥인 성호학파의 사상까지도 흡수하여 촉발되었다고 보았다. 실학적 경세사상(經世思想)이 외연적으로 확대하여 북학(北=淸國) 및 서학에까지 이르렀다고 하면서 실학이란 학파와 당파, 화(華)와 이(夷)를 초월한 곳에서 실사구시(實事求是)한 사상이며 조선을 폐쇄된 소중화(小中華)로 여기고 그 안에서 안주하

---

10) 金容憲, 「西洋科學에 對한 洪大容의 理解와 그 哲學的 基盤」, 『哲學』 제43집, 韓國哲學會, 1995 봄, 33쪽.

는 것이 아니라 시야를 해외로 향하고 있었다고 하였다.[11] 이상익도 북학의 대두 요인을 기본적으로 낙하의 상황적 요인으로 간주하고, 사상적 연관관계를 낙학의 기중시론(氣重視論)과 기중시론(器重視論)으로 설정하여 고찰하고 있다.[12] 이들은 북학사상 형성의 내적 요인을 강조하고 있다고 하겠다.

한편, 외적 요인을 강조하는 갈영진의 설을 살펴보자. 그는 『청대문화와 조선실학』이라는 글에서 북학파를 이용후생파(利用厚生派)로 명명하면서 다음과 같이 말하고 있다. "조선 실학의 형성 시기는 바로 청대문화의 전성기였다. 조선의 실학자들은 청대문화의 진보성에 대한 그들의 깊은 인식과 북벌론에 대한 전면적 비판에 기초한, 중국과 교류를 열고(通中國) · 중국을 배우자(學中國)는 북학론을 제기하여 중국과 조선의 문화 교류를 저해하는 북벌론을 대체하였다."[13]……"청대의 이용후생의 학문을 배우기 위해서는 먼저 북벌론이라는 사상적 속박을 깨야 한다. 18세기 청 왕조에 강희(康熙) · 건륭(乾隆) 성세가 출현함에 따라 많은 조선 실학자들이 북벌론에서 북학론으로 전향하여 중국의 청대로부터 이용후생지학(利用厚生之學)을 배웠다."[14]고 했다. 즉 조선 실학 속의 북학론자들은 모두 청대문화에서 대량의 사상적 자원을 흡취하였고 아울러 그것을 조선 실학을 건립하는 사상적 연원의 하나로 삼았다는 것이다.

지금까지 이미 발표되어 학계에서 어느 정도 신빙성을 검증받고 있는 몇 가지 대표적인 이론을 거론해 보았다. 요컨대, 낙론계 노론(老

---

11) 姜在彦 著·鄭昌烈 譯, 『韓國의 開化思想』, 比峰出版社, 1981, 52~76쪽.
12) 李相益, 「洛學에서 北學으로의 思想的 發展」, 『哲學』 제46집, 1996 봄.
13) 葛榮晉, 「淸代文化와 朝鮮實學」, 『韓國實學研究』 第2號, 韓國實學研究會, 2000, 221쪽.
14) 上同, 233쪽.

論) 집권층의 젊은이들이 자제군관(子弟軍官)으로 연행사(燕行使)를 수행하여 청의 건륭문화(乾隆文化)의 선진성과 청에 전래된 서양 과학의 우수성에 자극을 받고 조선의 낙후성을 각성, 이를 극복하기 위해 북학론(외래문물수용론)을 주장하게 됨으로써 정신세계의 일대 전환을 주었다는 외발적(外發的)인 요인에 있어서는 대체로 이견(異見) 속에서도 일치하고 있음을 알 수 있다. 다만, 북학사상의 발아가 당시 조선의 기존 학풍의 흐름 속에서 자생하였느냐의 여부이다. 이는 조선 내에서 이룩된 기존의 학문이 토대가 되어 내재적으로 촉발하였는가 하는 문제인데, 만일 북학을 뒷받침할 내재적 사상이 있었다면 그것이 어떠한 것이었는지에 대한 명확한 규명이 이 이견들을 해소하는 해법이 아닐까 생각한다.

이미 언급하였듯이 강재언의 실학적 경세사상의 외연적 확대 논리와 더불어 낙학에서 북학으로의 사상 내재적 계기 요인이라는 입장에서 물성 중시('理' 중시)를 주장한 유봉학·정옥자의 이론, 또한 '기'(氣)의 주도권을 강조하는 기중시론인 이상익의 이론을 실례로 들어 북학사상을 내발(內發)시킨 그 철학적 기초로 소개하였다. 비록 이들이 설명 방식은 달리하고 있지만 그 나름대로의 타당성을 갖추었다고 볼 수 있다.

실제로 명(明)이 망한 뒤 천하에 홀로 중화의 적통임을 자부, 북벌론과 존주론(尊周論)의 지나친 명분에 사로잡힌 당시 조선 위정자들의 학문 태도는 이미 현실 문제와는 결별한 내성적·허학적 폐풍에 젖어 있었다. 그로 인하여 결국 사상적 폐쇄성을 초래하여 자국의 허약성·낙후성 및 민생 피폐를 면치 못하는 상황으로 전락하고 말았다.

이처럼 허약해질 대로 허약해져버린 조국의 낙후된 체질을 외래의 선진 문물을 받아들여 하루 빨리 개선해야 한다는 공리주의적(功利主

義的) 시대정신과, 아울러 이를 이론적으로 뒷받침할 수 있는 민족 자생의 철학인 도기불상리(道器不相離, 『磻溪隧錄』, 吳光運 序, 참고); 수기(修己)＝치인(治人)・경세－성호학파; 정덕(正德)・이용후생의 균등 내지는 역전－북학파 등으로 가치 설정한 실학사상이 만개하였던 것이다. 이러한 측면에서 위의 이설(異說)들을 조명해본다면 일정 부분 그 공통점을 발견할 수 있을 것으로 판단된다.

지금까지 논한 바를 종합해 보건대, 북학을 위한 내재된 사상이 이미 성숙하여 안으로부터 준비되었고 이것이 외부와의 교섭을 통해 외연적으로 확대되었다는 이론이 대체로 타당할 것으로 보인다. 부연하자면, 당시 조선의 학계 내에서는 사실 실사구시를 방법으로 하는 시무책(時務策)의 학적 체계인 변통적 경세사상[15], 명분주의적 화이관 극복의 논리 체계인 노론계의 인물성동론 등 사상적으로 성숙되어 있었다. 그리고 여러 자료가 증명하고 있듯이 밖으로는 국내의 실학적 이기(利器) 결핍에 부응하는 선진 문물에 점차로 자극되어 갔던 것도 사실이다. 이에 발 맞춰 아마도 노론계의 도시적 세련미를 갖춘 열린 지식인들에 의해 사상적인 차원에서 이 내외인의 양자가 합성되었을 것으로 판단된다. 이러한 가설은 이 글의 출발점을 이룸과 동시에 그 진위 여부는 글의 전개 과정 중에서 자연히 드러나게 될 것이다.

---

15) 姜在彦 著・鄭昌烈 譯, 『韓國의 開化思想』, 比峰出版社, 1981, 58쪽.

셋째 마당

조선후기 존화양이적 대청의식

1. 화이의 개념과 변천

　앞에서 북학사상의 형성 요인을 여러 학자들의 의견을 들어 논급해 보았다. 다시금 이를 뒤집어 보면, 조선 사회에 팽배해 있던 전통적 화이사상의 교조성을 극복해 갔다는 점에서 북학사상의 시발성은 드러난다고 하겠다. 이것은 근대 조선에 있어서 사상사의 양대 조류였던 위정척사사상(衛正斥邪思想)과 북학으로부터 연원된 개국개화사상이, 모두 유교사상을 근원으로 하고 있으면서도 화이사상에 대하여 교조적이었던가 아니면 개방적이었던가가 그 분기점이었음[16]을 상기해 볼 때에 우리는 쉽게 짐작할 수 있다.

이러한 화이사상은 중화를 중심으로 하여 사이(四夷)와의 관계를 계층적 질서로 규정하려는 세계관으로서 공자(孔子)의 춘추의리사상(春秋義理思想)에 그 유래를 두고 있다. 춘추의리사상은 공자의 정명사상(正名思想)에서 출발하고 있는 비판 정신과, 인성(仁性)을 바탕으로 한 왕도사상(王道思想) 및 정통 의식에 의한 대일통사상(大一統思想)으로 나눌 수 있다. 그런데 바로 화이사상은 존주론(尊周論)과 함께 후자에 모두 포함되는 것이다.[17]

왕도란 토지·갑병(甲兵)의 힘으로 인정(仁政)을 가장하는 패도(覇道)와는 달리 덕으로 인정을 베푸는 덕치주의(德治主義)를 말한다.[18] 이러한 왕도를 실현시킬 수 있는 지덕(至德)의 소유자가 왕자(王者)이며, 그 문물과 법도, 왕도의 정신이 잘 계승되어 있는 나라가 당시 천자의 나라인 주(周)였던 것이다. 그리하여 공자는 "하(夏)와 은(殷)의 문물제도를 계승한 주의 문화를 가장 이상적인 문화로 인식하고 주를 따르겠노라"[19](尊周思想)고 하였다. 이처럼 주를 정통 내지 주축으로 삼아 왕자가 그의 실천 이념(王道思想)으로 온 천하를 하나의 질서로 통일하고자 함이 곧 『춘추』(春秋)의 대일통사상(大一統思想)이다. 그리고 이 대일통사상이 실천되어 가는 과정에서 타민족과의 관계로 제기된 것이 다름 아닌 화이사상인 것이다. 화이

---

16) 上同, 79~80쪽.
17) 吳錫源, 『十九世紀 韓國 道學派의 義理思想에 關한 研究』, 成大 大學院 博士學位論文, 1992. 88~96쪽, 參考.
18) 『孟子』, 「公孫丑上」 3. "以力假仁者覇, 覇者必有大國, 以德行仁者王, 王不待大."
19) 『論語』, 「八佾」 14. "周監於二代, 郁郁乎文哉, 吾從周."

사상은 중화사상의 기반이 됨은 물론이다.

여기서 화이의 개념을 살펴보면, 화(中華)란 중하(中夏), 화하(華夏), 또는 제하(諸夏)라고도 하여 한민족(漢民族)이 사위(四圍)의 이·만·융·적(夷蠻戎狄)에 대하여 자국을 호칭한 용어로,[20] 문화적으로는 우수한 한족(漢族)을 가리킨다. 그리고 이(夷)는 중국의 변방을 둘러싸고 있는 문화가 열등한 이민족(蠻·夷·戎·狄)들을 지칭한다. 그런즉, 대일통사상에 입각한 화이사상은 중화 민족을 중심으로 하여 미개한 이적까지 중국의 문화 질서에 화합시켜 천하 통일을 기하고자 하는 사상이라고 하겠다.[21] 이처럼 중화 관념에는 개방적·세계주의적 지향을 내포하고[22] 있으면서, 한편으로 강력한 정치·군사·문화적 민족주의임과 동시에 제국주의적이기도 했다.[23]

그런데 중국은 총명하고 두루 지혜로운 자들이 살아 성현의 가르침과 인의가 베풀어지고 있는 곳[24]이기는 하지만, 부자·군신의 대륜(大倫)이 일실(一失)되면 이적이 될 것[25]이라 한바, 중화의 화, 화이의 이라 함은 민족과 지역을 구별하는 것이 아니라, 문화의 우수성과 진리의 근원성으로 그 가치 판단을 하고 있음[26]을 간파할 수 있다. 이를 좀더 자세히 말해보면 화이사상은 본래 지리적·종족적인 면과 문화적인 면이 복합된 개념이었다. 그렇지만, 점차로 역사의 추

---

20) 朴忠錫, 『韓國政治思想史』, 三英社, 1982, 61쪽.
21) 吳錫源, 『十九世紀 韓國 道學派의 義理思想에 關한 硏究』, 成大 大學院 博士學位論文, 1992, 95쪽.
22) 朴忠錫, 『韓國政治思想史』, 三英社, 1982, 62쪽.
23) 李春植, 『中華思想』, 교보문고, 1998, 176쪽.
24) 『史記』 卷43, 「趙世家」, "中國者, 蓋聰明徇智之所居也, 萬物財用之所聚也, 聖賢之所教也, 仁義之所施也, 詩書禮樂之所用也."
25) 『春秋胡氏傳』 卷11, 「僖公上」, "中國之爲中國, 以其有父子君臣之大倫也. 一失則爲夷狄矣."
26) 柳承國, 『韓國思想과 現代』, 東方學術研究院 出版部, 1988, 182쪽.

이(推移)에 따라 지리적·종족적 개념보다는 문화적·윤리적 개념이라는 인식이 더욱 강화되어 나타났다. 이는 청나라 때 옹정제(雍正帝)가 한족 중심적 중국 개념에 반박하여 화와 이는 출생한 지역이 중국인가 변방인가가 아니라 도덕이 있는가 없는가에 따라 평가할 것[27)]을 제시한 바 있는데 같은 맥락이라 하겠다.

이렇게 전개된 화이사상은 남송(南宋)의 주자(朱子)에게서도 여지없이 표출되고 있다. 이민족인 금(金)의 도전을 받아 첨예하게 대치하고 있던 상황하에서 주전론(主戰論)을 견지하던 주자는, "난신(亂臣)을 죽이고 적자(賊子)를 토벌하고, 중국을 안으로 하고 이적을 밖으로 하며, 왕을 귀하게 여기고 패(覇)를 천하게 여기는 것"[28)]을 『춘추』의 대지(大旨)로 보고서, "천하국가를 다스리는 자는 안으로 정사를 닦고 밖으로 이적을 물리칠 따름이다."[29)]라 하여 반금적 양이사상(攘夷思想)을 강변하였다. 이는 곧 중화관에 입각한 화이사상의 연장선상에서 이루어진 논리라 하겠다. 이러한 주자의 반금적 양이사상은 특히 우암(尤庵) 송시열(宋時烈, 1607~1689) 이후 숭명반청론(崇明反淸論)의 이론적 배경이 되면서 조선의 대외 인식은 지극히 폐쇄적이며 자기도취적인 고립주의에 빠져들게 되었다.[30)]

---

27) 琴章泰, 『韓國近代의 儒教思想』, 서울大學校 出版部, 1993, 17쪽.

28) 『朱子語類』 卷83. "春秋大旨其可見者, 誅亂臣討賊子, 內中國外夷狄, 貴王賤覇而已."

29) 『朱子大全』 卷11, 「壬午封事」, "又聞之爲天下國家者, 必有一定不易之計. 而今日之計, 不過乎修政事攘夷狄而已矣."

30) 孫承喆, 「北學議의〈尊周論〉에 對한 性格 分析」, 『人文學研究』 17, 江原大, 1983, 223쪽.
한국전통사회의 국제 관계에 관한 기본적인 개념은 事大觀念과 중화적 세계질서 관념이라는 두 개의 축을 세워 고찰해 볼 수 있다. 여기서 주로 다루고 있는 중화적 세계질서의 원형인 중화관념은 문화이념적인 지향을 핵심으로 하는 화이관념으로, 군사적·정치적(현실주의적·상황주의적)인 지

2. 북벌론과 문화자존의식

화이사상에 입각한 중화적 세계질서관이 조선의 집권층이나 유학계에 소중화관념으로 정착한 것은, 중국에서 명과 청이 바뀌고 국내적으로는 퇴(退)·율(栗) 이후 형이상학적 세계관이 확립되는 16세기 후반부터 17세기 후반에 이르러서이다.[31] 17세기 전반 만주족(滿洲族)은 명과 조선을 동시적으로 침공함으로써 명 중심의 중화주의적

향은 第二義的 의미일 뿐이다. 이에 반해서, '事大'란, 『春秋左氏傳』, 昭公 30年, "禮者 小事大大字小之謂 事大在共其時命 字小在恤其所無"라 한 데서도 나타나고 있듯이, 본래 西周 時代에 諸侯 간의 친목을 도모하고 상호 불가침을 약속한 事大·字小의 교린의 예로부터 시작한 말로써, 春秋戰國 時代에 있어 소국이 자국의 존립을 위해서 事大·字小의 외교 관례를 이용하여 대국의 침략을 둔화시키고자 한 일종의 羈縻政策을 말한다. 조선에서도 호란 이전, 중화적 세계질서관념이 형성되기 이전까지는 이와 유사한 형태로 대중 관계가 이루어지고 있었다. 즉 문화 이념적 차원인 화이사상을 인정해서가 아니라, 자주적인 판단에 따라 사대의 관계를 외교 수단으로 활용하여 대륙으로부터의 위협을 막는 자존의 강구책으로 응용한 것이다. 결론적으로, 朝貢이라든가 冊封의 명목하에서 이루어진 군사적·정치적 의미를 내포하는 지극히 현실주의적·상황주의적인 대외 인식이었던 것이다. (朴忠錫, 「國際秩序觀念: 事大와 中華」, 『韓國政治思想史』, 三英社, 1982, 48~60쪽과 孫承喆, 「北學의 中華的 世界觀 克服-그 展開過程 理解를 爲한 序說-」, 『江原大論文集』 15, 1981, 405~407쪽, 各各 參考.)

31) 孫承喆, 「北學의 中華的 世界觀 克服-그 展開過程 理解를 爲한 序說-」, 『江原大論文集』 15, 1981, 406쪽.
이와 관련하여 朴忠錫은 다음과 같이 논하고 있다. "조선조에 있어서의 중화적 세계질서관념의 형성은 조선조에 있어서의 朱子學的 世界像, 특히 退溪에 있어서 전형적인 우주의 도학적인 인식에서 도출된 道를 그 사상적 기반으로 하고 있는 것이라고 할 수 있다. 그리하여 퇴계의 단계에 있어서 그의 「大命新圖」에 보이는 바와 같이, 우주의 도학적인 인식이 陰陽五行說 및 天圓地方說과 결합되어 중화적 세계질서관념을 수용할 수 있는 계기가 내재적으로 준비되어 있었다."(朴忠錫, 『韓國政治思想史』, 三英社, 1982, 61쪽.)

세계관에 심대한 변화를 주었다. 인조(仁祖) 13년(1636) 조선은 병자호란(丙子胡亂)으로 인해 결국 삼전도(三田渡)에서 성하지맹(城下之盟)을 맺고 청에 대한 사대(事大)의 예를 행할 것을 강요당하였다. 뒤를 이어 1644년에는 오랑캐로만 인식하였던 저들에 의해 비극적으로 명이 멸망해 버림으로써 기존의 중화주의적 국제 질서는 재편(再編)될 수밖에 없었다.

이에 조선 내부에서는 임진왜란(壬辰倭亂) 때에 원병(援兵)을 파병하여 조선을 도왔던 명에 대한 보은과 삼전도의 굴욕을 복수설치(復讎雪恥)하고자 다짐하는 북벌론이 당시 국내에서 대세로 점차 자리잡게 되었다. 17세기 조선의 국가 통치 이념으로 채택된 것은 상호 표리관계(表裏關係)에 있는 대청복수론(對淸復讎論)과 대명의리론(對明義理論)이었다. 전자는 북벌론으로, 후자는 존주론으로 각각 그 이론적 틀을 형성하였다.[32]

이러한 대외명분론으로 가치 정립한 조선인은 문화적으로 우리보다 열등한 여진족(女眞族)이 무력으로 중국을 차지했다 해도 중화의 계승자가 될 수 없는데, 하물며 그 야만 풍속인 변발호복(辮髮胡服)을 한족에게 강요하여 중화 문화 전체를 야만적으로 변질시켜 놓았으니 중국에서는 이미 중화 문화의 전통이 단절되었다는 판단이었다.[33]

그리고 한족의 정통 국가인 명나라가 멸망한 이상, 중화 문화의 원형을 그대로 간직하면서 주자성리학의 적통을 발전적으로 계승하고 있는 조선만이 중화 문화를 계승할 자격을 갖추었으므로 이제는 조선이 중화가 될 수밖에 없다는 주장이었다.[34] 때문에, 조선이 그 후계

---

32) 鄭玉子, 『朝鮮後期 歷史의 理解』, 一志社, 1995, 72~73쪽.
33) 崔完秀, 「朝鮮 王朝의 文化絶頂期, 眞景時代」, 『眞景時代 1』, 돌베개, 1998, 22쪽.

자로서 중화 문화의 사실상 담지자(擔持者)라 하여 스스로 자임·자부하기에 이른다. 이것은 여기서만 그치지 않고 조선의 주체 자각 내지는 문화자존의식(文化自尊意識)의 고양으로 표출되어 이전의 소중화의식(小中華意識)은 마침내 조선중화의식(朝鮮中華意識)으로 인식의 전환을 맞이하게 된다. 이를테면, 존주론에서 주실(周室)이 명이었던 것이 이제 주실이 조선으로 사고의 틀이 성립되어 조선이 곧 중화라는 조선중화주의(朝鮮中華主義)가 확립되었다.[35]

조선중화주의를 확립한 인물로서는 우암 송시열이 그 대표적이라 할 수 있다.[36] 송시열은 율곡학파(栗谷學派)의 적통을 이어 주자와 주자학을 절대화하면서 예론과 심성론에 치우치는 경향[37]을 보이는 한편, 선조(宣祖)의 재조번방(再造藩邦)과 효종(孝宗)의 복수설치의 정신을 계승함과 아울러 춘추대의(春秋大義)의 존화양이사상(尊華攘夷思想)을 근거로 북벌의 명분을 이끌어 냈다.[38] 우암이 공적으로 복수설치를 시사했던 것은 「기축봉사」(己丑封事, 1649)이고,[39] 존주론을 제기한 것은 「정유봉사」(丁酉封事, 1657)이다.[40] 그리고 효

---

34) 上同.

35) 鄭玉子, 『朝鮮後期 歷史의 理解』, 一志社, 1995, 75쪽.

36) 『宋子大全』 卷131, 「雜著·看書雜錄」, "中原人指我東爲東夷, 號名雖不雅, 亦在作興之如何耳. 孟子曰, 舜東夷之人也, 文王西夷之人也. 苟爲聖人賢人, 則我東不患不爲鄒魯矣. 昔七閩實南夷區藪, 而自朱子崛起於此地之後, 中華禮樂文物之地, 或反遜焉. 土地之昔夷而今夏, 惟在變化而已."

37) 許南進, 「洪大容(1731~1783)의 科學思想과 理氣論」, 『아시아文化』 第9集, 翰林大, 1993, 4쪽.

38) 『宋子大全』 卷27, 「上安隱峰」, "孔子之作春秋也 大義數十而尊周最大."

39) 『宋子大全』 卷5, 「己丑封事·修政事以攘夷狄 條」, "孔子作春秋 以明大一統之義於天下後世 凡有血氣之類 莫不知中國之當尊 夷狄之可醜矣 朱子又推人倫極天理 以明雪恥之義."

40) 『宋子大全』 卷5, 「丁酉封事」, "臣案春秋以至綱目, 一主於大一統, 蓋大統不明, 則人道乖亂, 人道乖亂, 則國隨以亡."

종과의 독대(1659)로 북벌론이 확정되었다.41) 이러한 북벌론은 실현 가능성의 여부를 떠나서 정권 유지를 위한 하나의 구호와 명분으로 이용되었다는 데 그 문제가 있었다.

이것은 앞에서도 잠깐 언급하였지만 주자의 반금적 양이사상으로부터 지대한 영향을 받은 것이다. 위의 「기축봉사」와 「정유봉사」는 남송(南宋)의 효종(孝宗)에 대한 주자의 「임오봉사」(壬午封事, 1162) 및 「경자봉사」(庚子封事, 1180)와 비슷하다. 예컨대, 송시열의 「기축봉사」 속의 「수정사이양이」(修政事以攘夷)의 항목 등은 주자의 「임오봉사」 가운데의 그것과 그 제목뿐만 아니라 기본 정신에서도 일치한다.42)

이상으로 대략 검토한바, 북벌론은 대내적으로 사상 탄압의 유리한 수단이었을 뿐 아니라, 대외적으로는 세계 인식을 저해·왜곡하고 국제 활동 및 교역을 차단하는 분명 역기능으로43) 작용하고 있었다. 다시 말해서, 소중화적 북벌론이 보편화한 존화양이사상은 조선 후기에 있어서 대외적인 배타성·대결성을 규정하였고, 이후 청조를 포함한 모든 타국에 대하여 현실주의적 대응, 즉 자주적이면서 자율적인 외교를 운영해 나갈 수 있는 힘을 상실시킴으로써 자기폐쇄적인 고립주의에 빠져들게 하였다. 또, 더 나아가서는 근대의 벽위사상(闢衛思想)과 위정척사사상에 계승되어 양이(洋夷) 및 왜이에 대한 유연하고 임기응변적인 대처를 그르치는 사상적 체질로 고착화하였다.44)

---

41) 吳錫源, 『十九世紀 韓國 道學派의 義理思想에 關한 研究』, 成大 大學院 博士學位論文, 1992, 99쪽, 〈註42〉 參考.
42) 姜在彦 著·鄭昌烈 譯, 『韓國의 開化思想』, 比峰出版社, 1981, 51쪽.
43) 林熒澤, 「燕巖의 主體意識과 世界認識-『熱河日記』 分析의 視角-」, 『第3回 東洋學國際學術會議論文集』, 成大, 1986, 10쪽.
44) 姜在彦 著·鄭昌烈 譯, 『韓國의 開化思想』, 比峰出版社, 1981, 51쪽; 孫承喆, 「北學의 中華적 世界觀 克服-그 展開過程 理解를 爲한 序說-」,

이렇게 17세기 이래 화이사상에 의탁해 청을 오랑캐로 단정함은 물론, 무력으로 천하를 제패한 청의 패도를 춘추대의정신에 입각해 응징한다는 북벌대의론(北伐大義論)이 조선의 사상계를 압도하는 상황하에서, 그에 정면으로 맞서 조선의 학풍을 북벌에서 북학으로 방향 전환시킨 홍대용(洪大容), 박지원(朴趾源), 박제가(朴齊家) 등의 북학사상은 역사적으로 큰 의의를 갖는다고 하겠다.

앞에서 북학사상의 형성 요인을 두고 기존의 학설들을 고찰한 다음 종합하기를, 북학을 위한 내재된 사상이 이미 성숙하여 안으로부터 준비됨과 동시에 이를 사상적 기틀로 삼아 외부와의 교섭을 통해 그 사상이 외연적으로 확대되어 갔다고 말한 바 있다.

어떤 면에서 보면 북학사상의 생장은 곧 그에 비례해 한 시대를 풍미했던 반청적 북벌대의론과 조선중화라는 문화자존의식이 쇠퇴함을 의미한다. 더구나, 북학사상의 발아가 한 시대의 헤게모니로 성장할 수 있으려면 무엇보다도 당시 조선사상계를 붙들고 있는 화이사상의 교조적 멍에를 분쇄하는 것으로부터 출발하지 않으면 안 되었다. 즉 근대로 향한 사상적 여명은 화이사상을 기반으로 정치적 기득권을 향유하고 있는 이 시대의 경직된 정치 이념의 제한으로부터 스스로 자유로워질 수 있는 사상적 해방이 필수 불가결했던 것이다. 조선 후기! 시대적 해방 정신이었던 북학사상의 그 출발이 갖는 의미는, 바로 고정불변으로 고착화된 중세국제이데올로기-화이명분론의 해체라는 차원에서 주목할 필요가 있다.

『江原大論文集』 15, 1981, 410쪽.

넷째 마당

북학파의 화이일론적 세계관

이미 앞에서 지적했듯이 조선 후기 화이명분론은 우리 민족의 근대
신역사 진입에 있어 분명 걸림돌로 작용하고 있었다. 이것은 근대인
으로 끊임없이 성장해야 할 조선인 개개인으로 볼 때도 분명 역사 퇴
보적 강권이었다. 북학사상의 입지 강화는 조선사상계를 붙들고 있는
존화양이적 중세이데올로기의 청산을 의미했다. 알다시피, 당시 허약
해져가는 우리 민족문화의 갱생의 활력원은 외부에 있었다. 외부 세
계와의 소통은 다름 아닌 시대의 요청이었던 것이다. 그렇다면 북학
파의 이 외부 소통의 각성은 어디에서 온 것일까? 그것은 무엇보다도

치인(治人)에 중점을 두어 화와 이를 초월한 곳에서 실사구시한다는 바로 실학사상의 변통적(變通的) 경세사상의 계승에 있었다.

북학파는 도덕성을 기반으로 하는 도학파와는 달리, 현실성·공리성을 그 입각점으로 하고 있다. 그렇다고 해서 북학파가 유학적 내성(內聖)을 포기했다는 말은 결코 아니다.[45] 이것은 단지 실사구시적 실증성과 이용후생적 공리성을 중시하는 학문적 성향을 두고 하는 말이다. 어쨌든 그들은 실학적 경세사상의 영향으로 인해 화이론의 장벽을 극복하고 청학(淸學) 및 서학에까지 이르게 되었다. 이는 북학파의 대표적인 실학자 박지원의 다음 말에서 확인할 수 있다.

"천하를 위해 일하는 자는 진실로 백성에게 이롭고 국가에 도움이 되는 것이라면, 비록 그 법이 이적에게서 나온 것이라 하더라도 이를 취하여 본받아야 한다."[46]

"법이 좋고 제도가 아름다우면 아무리 오랑캐라 할지라도 떳떳하게 스승으로 삼아야 한다."[47]

---

45) 이와 관련해서 실학에 대한 成復旺의 다음 견해가 흥미롭다. 그는 실학을 근대를 향한 철학사조로 평가하면서 그 특성을 두 가지 측면에서 살피고 있다. 즉 하나는 전통 유학의 內聖에서 출발하는 것이다. 이것은 인간의 독립 인격과 정신 역량을 강조하여 인간의 주체의식의 각성을 분발시켜 인간의 해방으로 나아가게 한다. 또 하나는 전통 유학의 外王에서 출발하는 것이다. 이것은 세계의 객관성과 실재성을 강조하여 외재 사물에 대한 여실한 고찰을 환기시켜 객관세계로 나아가게 한다. 전자는 근대의 민주와 통하고, 후자는 근대의 과학과 통한다. (成復旺, 「走向人的解放-從王陽明到李贄」, 中國實學研究會 編 『中韓實學史研究』, 中國人民大學出版社, 1998, 95쪽.)

46) 『燕巖集』 券12, 「熱河日記·馹汛隨筆」, "爲天下者, 苟利於民而厚於國, 則雖其法之或出於夷狄, 固將取而則之."

47) 『燕巖集』 卷7, 「北學議 序」, "苟使法良而制美, 則固將進夷狄而師之."

"이용을 이룬 뒤라야 후생을 할 수 있고, 후생을 이룬 뒤라야 덕이 바르게 된다. 기물(器物)의 사용을 편리하게 하지 않고서도 그 생활을 윤택하게 하는 것은 드물 것이니, 생활이 이미 윤택하지 못하다면 어찌 덕을 바르게 할 수 있겠는가."[48]

또한 박제가에 이르러서도 이와 같은 태도는 마찬가지였다.

"진실로 백성에게 이로우면 그 법이 이적으로부터 나왔다 하더라도 성인이 장차 취할 것이다."[49]

"무릇 이용후생 가운데 하나라도 닦여지지 않는 것이 있으면 위로 정덕(正德)을 침해한다. 그런 까닭에 공자는, '백성이 이미 많아졌으면 부유하게 해주고 그 다음에 인륜(人倫)을 가르쳐야 한다'라 했고, 관중(管仲)은 '의식이 풍족해야 예절을 안다' 하였다."[50]

이와 같은 북학파의 태도는 청의 선진 문물이 설사 오랑캐의 문물이라 하더라도 그것이 진실로 백성에게 이로우면 취해야 한다는 이용후생적 입장인 것[51]이다. 뿐만 아니라, 부국안민(富國安民)을 위해서라면 화와 이를 초월한 곳에서 실사구시한다는 화이론의 극복 논리인 동시에 북학론을 강화시키는 이론적 근거인 것이다.

하지만, 이러한 실학적 경세사상의 외연적 확대 논리는 너무 일반

---

48) 『燕巖集』卷11, 「熱河日記·渡江錄」, "利用然後, 可以厚生, 厚生然後, 德可以正矣. 一不能利其用, 而能厚其生鮮矣. 生旣不足以自厚, 則亦惡能正其德乎."
49) 『北學議』進北學議篇, 「尊周論」, "苟利於民, 雖其法之或出於夷, 聖人將取之."
50) 『北學議』, 「自序」, "夫利用厚生, 一有不修, 則上侵於正德. 故子曰, 旣庶矣而教之, 管仲曰, 衣食足而知禮節."
51) 南相樂, 「楚亭 朴齊家 實學思想의 社會哲學的 意義」, 『大東文化研究』제27집, 成大 大東文化研究院, 1992, 85쪽.

론이기 때문에 더 이상은 거론하지 않기로 하겠다. 여기서는 낙학과 북학과의 그 사상 내적인 계기 요인에 초점을 맞추어 논지를 전개하고자 한다. 역시 이 부분에서는 이미 유봉학, 정옥자의 물성중시론〔理重視論〕과 이상익의 기중시론을 소개하여 그 나름대로의 참신성과 타당성을 인정한 바 있다. 그럼에도 불구하고 이 두 설은 완전성의 결핍이라는 면에서 일정한 한계를 드러내고 있다. 그 비판과 평가[52]는 이 글의 논점상 차치하기로 한다.

본 글에서는 북학사상에서 일관 관철되어 기존 화이론적 국제질서관에 결정적 타격을 가했던 세계 인식의 획기적인 관점의 전환, 즉

---

52) 정옥자·유봉학의 비판과 평가는 이상익의 「洛學에서 北學으로의 思想的 發展」, 『哲學』 제46집, 1996 봄, 5~9쪽과, 金文鎔의 「北學派의 人物性同論」, 『人性物性論』, 한길사, 1994, 606쪽을 각각 참고하기 바란다. 다만, 필자는 이상익에 대해서만 몇 가지 점에서 지적하고자 한다. 그는 낙론의 학문 성향을 氣의 局限性에 초점을 둠으로써, "純善한 理를 발현시키기 위해 濁氣를 씻어내야 한다."를 북학이 "북벌의 의리를 실현하기 위해서는 청의 문물을 배워야 한다."로 수용하였다고 말한다. 이것은 사상의 내적인 계기 요인보다는 북학의 현실구현론으로 보는 것이 더 타당하지 않을까 생각한다. 만약 이상익과 같은 이런 식의 단편적인 논리를 따르게 되면 우리 민족의 근대성에 대한 자생력 확보라는 역사성을 간과할 수가 있다. 조선 후기 북학의 의미는 선진 문물을 받아들여서 조선의 낙후된 체질을 혁신하겠다는 단순한 어원상의 문제에서만 그치지 않는다. 그것은 조선 내의 폐쇄성, 허구성, 강권화, 그리고 중세국제이데올로기 화이론의 해체를 시사하는 혁명성을 내포한다. 어쨌든 다시 원점으로 돌아와서 필자는 북학이 낙론으로부터 계승한 것은 무엇보다도 理의 疏通性에 있다고 본다. 근대로의 이행은 외부 인식 차원에서 자민족과 타민족 간의 이질성·배타성이 극복되어야 하기 때문이다. 그리고 상호 이해와 협력의 모티브는 理通에 입각하는 태도에서 가능하다. 氣의 국한성으로 인해 특수적이고 이질적인 존재가 될 수밖에 없었던 모든 폐쇄적 개체들은 이제 동일한 보편의 원리(생명의 원리: 理)를 공유하기 때문에 하나로 통할 수 있다는 인식의 각성, 그것이 선행되어야만 和諍과 교류가 가능한 것이다. 다시 말해, 보편이 전제되어야만 관점의 상대화·객관화가 이루어져 중세 교조적 가치가 해빙될 수 있다는 말이다.

상대화(物視·隨界)·객관화(天視), 그리고 여기서 성취된 보편동일 시적(普遍同一視的) 화이등가화(華夷等價化: 華夷一)에 주목하고자 한다. 당시 낙론계의 영향권하에 있었던 북학파 실학자들이 대체 낙학사상의 어떤 면을 계승하였기에, 천시(天視: 自天視之·自天所命 視之)라는 세계 인식의 변화를 의미하는 획기적인 방법을 이루어낼 수 있었는지 심층 분석해 보기로 하겠다. 왜냐하면, 그것은 인물균론(人物均論), 물아무부동론(物我無不同論) 그리고 화이일론(華夷一論) 등으로 귀결되는 보편동일시의 각성을 촉발시킴으로써, 인간중심적 또는 중국중심적 세계관으로부터 탈피하는 가능 근거가 되기 때문이다. 물론 천문학을 비롯한 서양 과학의 영향을 받아 형성된 북학파의 보편동일시적 화이등가의식, 즉 지원설(地圓說), 지전설(地轉說) 및 우주무한설(宇宙無限說) 등 과학실증적 자연우주관에서 오는 세계 인식의 지리 공간적인 상대화·객관화도 여기에 함께 포함될 것이다.

1. 철학적 토대

1) 낙학과 북학의 사상적 계기

낙론계의 사상 성립은 바로 호락논쟁(湖洛論爭)에서 유발되었다. 주지하다시피, 호락 시비는 율곡 이이(李珥, 1536~1584)와 우암 송시열의 학파에 섬으로써 회암사상(晦庵思想)을 계승하는 수암(遂庵) 권상하(權尙夏, 1641~1721)의 문하[53]에서 발단되었다. 이것

---

53) 尹絲淳, 「人性物性의 同異論辯에 對한 硏究」, 『人性物性論』, 한길사, 1994.

은 그의 문하의 강문팔학사(江門八學士) 중 가장 걸출했던 외암(巍巖) 이간(李柬, 1677~1727)과 남당(南塘) 한원진(韓元震, 1682~1751)의 견해 차이(전자는 人物性同論, 후자는 人物性異論)로 비롯된 것이다. 그리고 그 주변의 학자들이 차차 이 두 견해 중 어느 한편을 지지하고 동조함에 따라서 마침내 학파적 대립 양상으로까지 발전하게 되었다.

이들 논쟁의 논점은 대략 인물성동이(人物性同異), 미발심체본선유선악(未發心體本善有善惡), 명덕분수유무(明德分殊有無)로 나누어 볼 수 있는데,[54] 특히 그 주면모는 인물성동이의 문제에 집중돼 있다고 하겠다. 동론(同論)을 주장하는 입장에서는 『중용』(中庸) 「천명지위성」(天命之謂性) 장구에 관한 주자(朱子)의 주를, 이론(異論)을 주장하는 입장에서는 『맹자』(孟子) 「고자장구」상(告子章句 上) 「생지위성」(生之謂性) 장에 실린 주자의 주를 각기 그 전거(典據)로 삼고서 상호 논쟁을 전개시키고 있다.[55]

22쪽.

54) 洪直弼, 『梅山先生文集』 卷13, 「與李龜巖」. "近世湖洛諸儒之辨, 條件糾紛, 而其大綱有三. 人物性曰同曰異, 心體曰本善曰有善惡, 明德曰有分殊曰無分殊."(劉奉學, 『燕巖一派 北學思想 研究』, 一志社, 1995, 89쪽, 〈註22〉 再引用.)

55) 金炯瓚은 "이간은 性이 氣中之理임을 인정하되 性卽理에 초점을 맞춘 것이라면, 한원진은 性卽理라 할지라도 氣局 여부에 따라 理와 性이 구별됨에 주목하는 것이다. 그런데 이들은 모두 이이의 理通氣局說에 입각하여 氣局, 즉 氣에 의해 性에 다양성이 생겨난다는 理同氣異의 입장에 근거하고 있다. 그러나 性의 다양성은 氣同理異의 관점으로도 설명될 수 있다."라 하면서, 性 개념의 다양한 의미를 논쟁의 양측이 모두 근거로 하는 주자의 설을 다음과 같이 정리하고 있다. 첫째, 性이 곧 理(性卽理)라는 의미(人物性同論의 논거): 朱熹, 『中庸章句』, 天命之謂性의 註. "命猶令也, 性卽理也. 天以陰陽五行化生萬物, 氣以成形, 而理亦賦焉, 猶命令也. 於是人物之生, 因各得其所賦之理, 以爲健順五常之德, 所謂性也." 둘째, 性은 理氣의 合(氣中之理)이되 氣同理異라는 의미(人物性異論의 논거): 朱熹, 『

사실, 이것은 주자가 인간과 사물의 성(性)을 논함에 있어 서로 모순된 언급을 했기 때문에 야기된 것56)이다. 그렇기는 하지만, 한편으로 "만물의 일원(一原)을 논하면 '이'(理)는 같으나 '기'(氣)는 다르지만, 만물의 이체(異體)를 보면 '기'는 오히려 서로 가까우나 '이'는 절대로 같지 않다."57)라는 주자의 논술을 이끌어서 인물성동이 문제의 이기론적 기초로 해명해 본다면, 어쩌면 그 모순성의 해결점을 찾을 수도 있을 것이다. 즉 「중용주」(人物性同)는 만물 일원의 입장에서 말한 것이며 「맹자주」(人物性異)는 만물 이체의 입장에서 말한 것58)이라 할 수 있다.

　이렇듯이 이 논쟁의 저변에는 주회암(朱晦庵)의 이른바 이동기이(理同氣異)와 함께 율곡의 이른바 이통기국(理通氣局)의 사상이 가로놓여 있는 것으로, 결국은 보편과 특수의 관계에 대한 논쟁59)임을

孟子集註」「告子章句」上, 犬之性猶牛之性의 註: "人物之生, 莫不有是性, 亦莫不有是氣, 然以氣言之, 則知覺運動, 人與物若不異者也; 以理言之, 則仁義禮智之稟, 豈物之所得而全哉? 此人之性, 所以無不善, 而爲萬物之靈也. 告子不知性之爲理, 而以所謂氣者當之." 셋째, 性은 理氣의 合(氣中之理)이되 理同氣異라는 의미(人物性異論의 논거): 朱熹, 『大學或問』. "故人物之生, 必得是理, 然後有以爲健順仁義禮智之性; 必得是氣, 然後有以爲魂魄五臟百骸之身. ……然以其理而言之, 則萬物一原, 固無人物貴賤之殊; 以其氣言之, 則得其正且通者爲人, 得其偏且塞者爲物. 是以或貴或賤而不能齊也. 彼賤而爲物者, 旣梏於形氣之偏塞, 而無以充其本體之全矣. 唯人之生, 乃得其氣之正且通者, 而其性爲最貴. 故方寸之間, 虛靈通徹萬理咸備." (金炯瓚, 「性의 構造와 理·氣의 不離·不雜性에 關한 硏究－李柬과 韓元震의 人性物性論爭을 中心으로－」, 『東洋哲學』第7輯, 韓國東洋哲學會, 1996, 24～25쪽, 〈註9, 10, 11〉 각각 참고.)

56) 張淑必, 「栗谷 李珥의 理通氣局說과 人物性論」, 『人性物性論』, 한길사, 1994, 58쪽.

57) 『孟子』, 「生之謂性」章 小註. "論萬物之一原, 則理同而氣異, 觀萬物之異體, 則氣猶相近, 而理絶不同."

58) 崔英辰, 「木山 李基敬의 人物性論」, 『人性物性論』, 한길사, 1994, 388～389쪽.

59) 裵宗鎬, 『韓國儒學資料集成』上, 解題, 延世大學校 出版部, 1980, 15쪽.

알 수 있다. 이 세계는 무형무위(無形無爲)를 특성으로 하는 형이상(形而上)의 '이'와 유형유위(有形有爲)를 특성으로 하는 형이하(形而下)의 '기'가 합해 이루어지는 것[60]이다. 그러기에 보편성과 특수성을 함께 갖는다[61]고 하겠다. 이러한 맥락에서 율곡에 있어 성은 이기의 합임은 물론이며, 대개 보편자의 '이'가 개별자의 '기' 가운데에 있게 된 연후에야 성일 수 있었던 것이다.[62] 그리고 그의 이통기국설(理通氣局說)에 따르면 인(人)과 물(物)의 성은 기국 때문에 다르며, 이통지리(理通之理)의 측면에서 인과 물의 '이'는 동일한 것이다.[63] 실제로 호·락계의 학통 계승상 율곡의 이통기국설은 이 두 논쟁에 있어서 자신들의 주장의 근거로 제시하고 있으므로 그에 차지하는 비중은 심대했다.[64]

논지컨대, 그의 이통기국설은 이기불상리지묘(理氣不相離之妙)의 관계 속에서 이무형(理無形), 기유형(氣有形)의 특성에서 비롯되는 이기 관계에 대한 설명을 간략 명료하게 체계적으로 정리한 것이

---

60) 『栗谷全書』 一, 卷10, 「答成浩原」, 208~209쪽. "理無形也, 氣有形也. 理無爲也, 氣有爲也. 無形無爲而爲有形有爲之主者, 理也. 有形有爲而爲無形無爲之器者, 氣也. 理無形而氣有形, 故理通而氣局. 理無爲而氣有爲, 故氣發而理乘."

61) 『栗谷全書』 一, 卷10, 「答成浩原」, 212쪽. "惟其理之乘氣而局於一物, 故朱子曰理絶不同. 惟其理之雖局於氣而本體自如, 故朱子曰理自理氣自氣不相挾雜. 局於物者, 氣之局也, 理自理不相挾雜者, 理之通也."

62) 『栗谷全書』 一, 卷10, 「答成浩原」, 207쪽. "性者, 理氣之合也. 蓋理在氣中, 然後爲性. 若不在形質之中, 則當謂之理, 不當謂之性也."

63) 『栗谷全書』 一, 卷10, 「與成浩原」, 216쪽. "人之性非物之性者, 氣之局也, 人之理卽物之理者, 理之通也."

64) 『寒水齋集』 卷21, 「雜著」太極圖說示舍弟季文 兼示玄石. "栗翁之言曰人之性非物之性者, 氣之局也. 人之理卽物之理者, 理之通也. 惟此一言可謂發千古不傳之妙矣."(裵宗鎬, 『韓國儒學史』, 延世大學校 出版部, 1990, 206쪽.〈註285〉再引用.)

다.65) 율곡은 "본연(本然)이라는 것은 '이'의 동일함이요 유행(流行)이라는 것은 ('이'가) 나누어져서 달라지게 된 것이다."66)라 하면서 '이'를 체용(體用)의 논리로 설명하여 일본(一本)의 '이'를 체로 만수(萬殊)의 '이'를 용으로 보아 '기'가 가지런하지 않기 때문에 승기유행(乘氣流行)하여 만수가 있게 된다고 하였다.67) 여기서 특히 이무형의 특성을 강조하여 참치부제(參差不齊)한 이 차별적인 만수 가운데에서도 그 성의 본연을 이루는 '이'는 혼연자여(渾然自如)한 것68)이라 하였으니, 율곡의 이통의 '이'는 승기(乘氣) 이후의 분수지리(分殊之理)가 아닌 통체일태극(統體一太極)으로서의 '이'임을 간파할 수 있다.69) 이것은 율곡이 "'이'가 승기한 것으로 말하면 '이'가 고목사회(枯木死灰: 말라 죽은 나무와 불이 꺼진 재)에 있는 것은 진실로 '기'에 국한되어 각기 일리(一理)를 이루게 되며, '이'의 본체로 말하면 '이'가 비록 고목사회에 있다 하더라도 그 본체의 혼연함은 진실로 자약(自若)한 것이다."70)라 입언(立言)했던바, 본체적 입장에서의

---

65) 張淑必, 「栗谷 李珥의 理通氣局說과 人物性論」, 『人性物性論』, 한길사, 1994, 63쪽.

66) 『栗谷全書』 一, 卷9, 「答成浩原」, 194쪽. "夫本然者理之一也, 流行者分之殊也."

67) 『栗谷全書』 一, 卷12, 「答安應休」, 248쪽. "理有體用固也, 一本之理, 理之體也, 萬殊之理, 理之用也. 理何以有萬殊乎. 氣之不齊故乘氣流行, 乃有萬殊也."

68) 『栗谷全書』 一, 卷10, 「答成浩原」, 209쪽. "理通者 何謂也 理者 無本末也 無先後也 無本末無先後 故未應不是先 已應不是後 是故乘氣流行參差不齊 而其本然之妙 無乎不在 氣之偏則理亦偏而所偏非理也 氣也 氣之全卽理亦全 而所全非理也 氣也 至於淸濁粹駁糟粕煨燼糞壤汚穢之中 理無所不在 各爲其性 而其本然之妙 則不害其自若也 此之謂理之通也."

69) 『栗谷全書』 一, 卷10, 「答成浩原」, 197쪽. "理雖一而旣乘於氣則其分萬殊……天地人物, 雖各有其理而天地之理卽萬物之理, 萬物之理卽吾心之理也. 此所謂統體一太 極也."

70) 『栗谷全書』 一, 卷10, 「答成浩原」, 212쪽. "以理之乘氣而言, 則理之在枯木

이통지리의 특성과 승기 이후의 분수지리(즉 氣局之理)의 특성에 대한 율곡의 명확한 규명을 엿볼 수 있다.

또한 기국(氣局)을 말하면서 유형한 특성을 지닌 '기'는 형적(形迹)에 간섭한 것이어서 본말선후(本末先後)가 있다고 했다. '기'의 본연은 담일청허(湛一淸虛)할 뿐이었으나 승강비양(昇降飛揚)하여 일찍이 그친 적이 없기 - 이에 유행하면서 그 본연을 잃은 것과 그렇지 않은 것이 있다 - 때문에, 참치부제하여 만 가지의 변화가 생기면서 시공적인 국한성을 지니게 되므로 기국이라고 했다.[71] 이를 엄밀히 따지자면 율곡이 말한 기국의 국이란 이통과 대비된 말이므로 '기'의 유행 이후에 나타나게 되는 분수지리의 원인이 '기'의 유형성에 있다는 것을 말하는 것이다.[72] 곧 이일분수설(理一分殊説)에서의 이분수(理分殊)는 바로 기국 때문이라는 점을 명료하게 밝힌 것이라 하겠다.[73]

정리하자면, 율곡의 이통기국설은 기존 주자학의 형이상학 체계인 이일분수를 설명한 것[74]으로, 즉 유형유위한 개별자(氣)가 시공적으로 국한하기(氣局) 때문에 보편자(理)는 만 가지로 달라지게 되지만(理分殊), 무형무위한 보편자가 다름 아닌 하나(理一)이기 때문에

死灰者, 固局於氣而各爲一理, 以理之本體言, 則雖在枯木死灰而其本體之渾然者, 固自若也."

71) 『栗谷全書』一, 卷10, 「答成浩原」, 209쪽. "氣局者 何謂也 氣已涉形迹 故有本末也 有先後也 氣之本 則湛一淸虛而已 曷嘗有糟粕煨燼糞壤汚穢之氣哉 惟其升降飛揚 未嘗止息 故參差不齊 而萬變生焉 於是氣之流行也 有不失其本然者 有失其本然者 旣失其本然則氣之本然者 已無所在 偏者 偏氣也非全氣也 淸者 淸氣也非濁氣也 糟粕煨燼 糟粕煨燼之氣也 非湛一淸虛之氣也 非若理之於萬物 本然之妙無乎不在也 此所謂氣之局也."

72) 張淑必, 「栗谷 李珥의 理通氣局説과 人物性論」, 『人性物性論』, 한길사, 1994, 68~69쪽.

73) 『栗谷全書』一, 卷10, 「與成浩原」, 216쪽. "理之萬殊者, 氣之局故也."

74) 崔英辰, 「栗谷思想의 構造的 理解」, 『계간 사상』, 1993, 가을호, 274쪽.

결국은 천지 만물의 이 역시 그 하나로 통한다는 것(理通)이다. 이 논리를 준거로 하여 그는 인물성동이를 논하기를, 인과 물의 성은 기국 때문에 다르며 이통지리의 측면에서 인과 물의 이는 동일하다[75]고 하였다.

이러한 율곡의 이통기국설은 호학과 낙학에 와서 상호 입장에 따라 달리 해석됨으로써 인물성동이논쟁에 있어 각기 그 근거가 되었다. 그런데 더 자세히 살펴보면 외암과 남당의 그 해석 차이의 원인은 성의 개념을 서로 달리 규정[76]하였다는 점에서 비롯된다. 동시에, 인성과 물성에 대해서 관점에 따라 같음(同) 또는 다름(異)의 이론이 상대적으로 성립될 수 있음을 시인하면서도 제각기 자신의 관점에 맞춰 그중 하나를 선택[77]했다는 점에서 이것은 근본적으로 예정되어 있었

---

75) 『栗谷全書』 一, 卷10, 「與成浩原」, 216쪽. "人之性非物之性者, 氣之局也, 人之理卽物之理者, 理之通也."

76) 인간과 동물을 막론하고 만물은 모두 五行의 전부를 지니고 있다고 하는 것은 성리학의 대전제로서, 湖論이나 洛論은 모두 이를 수긍한다. 洛論에서는 五行之理를 五常이라 정의하고, 만물은 모두 五行의 전부를 지니고 있기 때문에, 동물도 인간과 마찬가지로 五常의 전부를 지니고 있다고 주장한다. 하지만 洛論에서도 인간의 五常은 粹然한 반면에 사물의 五常은 不粹하다고 하여 人性과 物性의 질적 차이를 분명히 한다. 반면에 湖論에서는 五常이란 五行秀氣之理라고 정의하고, 인간은 五行의 秀氣를 모두 타고 났기 때문에 인간의 五常은 완전하지만, 동물은 五行은 모두 갖추었어도 五行의 秀氣는 일부만 지니고 있기 때문에 동물의 五常은 偏塞하다는 것이다. (李相益, 「湖洛論爭의 根本問題 硏究」, 成均館大 大學院 碩士學位論文, 1986, 123~124쪽; 또한 「洛學에서 北學으로의 思想的 發展」, 『哲學』 제46집, 1996 봄, 9~10쪽, 각각 參照.)

77) 실제로 이 두 사람은 觀點에 따라 人性物性의 相同 또는 相異의 이론이 다같이 상대적으로 성립함을 시인하였다. 즉 巍巖은 人과 物을 一原(本然之性)이라는 점에서 서로 같음을 자신의 관섬으로 선택하면서도, 異體(氣質之性)라는 점에서 人物이 서로 다름은 물론, 모든 개체의 性들도 서로 다르다고 하였다. 南塘 역시 다른 표현으로 一原과 異體를 구분하였다. 물론 내용상 三分(性三層說: 超刑器——一原·理通, 因氣質—本然之性·氣局之

다. 바꾸어 말하면, 이일지리(理一之理, 즉 理通之理)를 성으로 정의하면 인성과 물성은 동일하며, 분수지리를 성으로 정의하면 인성과 물성은 상이하게 된다는 사실[78]을 지적해 두고 싶다.

다시, 그들의 입장을 율곡의 이통기국설에 입각하여 논해 보기로 하자. 사실, 이 동이론에서의 '인성이다', '물성이다'라고 말하는 그 성은 성리학에서의 바로 본연지성(本然之性)을 가리키는 것이다.[79] 남당은 절대 보편적 차원인 초형기를 인정하면서도 "성이란 이기의 합으로서 '이'가 '기' 가운데에 있게 된 연후에야 성일 수 있다."[80]라는 말과 "인성과 물성은 기국 때문에 다르다."[81]라는 율곡의 말을 계승하여, 성(本然之性)을 '기'와의 연관 아래에서만 가능하다는 인기질이언(因氣質而言)[82]으로서의 분수지리·기국지리(氣局之理)라는 입장을 고수하면서 인물성부동(人物性不同)을 설하였는데, 이것은 기국지리의 국한성을 고집하는 태도이다.[83] 이에 대비되는 외암에 있어서

理, 雜氣質−氣質之性·氣局)하여 말하는 것이 巍巖과는 다르지만, 一原의 경우를 超刑器(氣質을 超越)라 표현, 이 관점에서 人·物의 性은 같다고 하였고 異體의 境遇를 因氣質(氣質에 立脚)이라 표현, 이 관점에서 서로 다르다고 하였다. 南塘은 다 알다시피 후자를 자신의 관점으로 선택하였다. (尹絲淳, 「人性物性의 同異論辯에 對한 硏究」, 『人性物性論』, 한길사, 1994. 24~27쪽. 參考.)

78) 崔英辰, 「蘆沙 奇正鎭의 理一分殊說에 關한 考察」, 『朝鮮朝 儒學思想의 探究』, 驪江出版社, 1988. 269쪽.

79) 梁在悅, 「南塘 韓元震의 人物性不同論에 關한 考察−性의 槪念을 中心으로−」, 『朝鮮朝 儒學思想의 探究』, 驪江出版社, 1988. 216쪽.

80) 『栗谷全書』一, 卷10, 「答成浩原」, 207쪽. "性者, 理氣之合也. 蓋理在氣中然後爲性, 若不在形質之中, 則當謂之理, 不當謂之性也."

81) 『栗谷全書』一, 卷10, 「與成浩原」, 216쪽. "人之性非物之性者, 氣之局也."

82) 『南塘集』 上, 卷12. "栗谷先生曰, 性者理氣之合, 理在氣中, 然後爲性, 若不在氣中, 則當謂之理 不當謂之性, 此皆愚說之所本也."; 『南塘集』 下, 附 「朱子言論同異攷」 卷2, 1159쪽. "蓋理賦於氣中 然後方爲性 故曰因氣質而言 不因乎氣質 則不名爲性矣."

의 성(本然之性)은, 정이천(程伊川)과 주회암이 말한 바대로 '기가 탈색된 성즉리(性卽理)가 기본 전제인 이상 성의 본질은 하나의 보편적 근원, 즉 일원이라고 주장하였으며, 한편으로는 기질은 각기 서로 다른 개체, 즉 이체에 해당함[84]을 아울러 인정하였다. 이러한 입장은 "'이'가 비록 '기'에 국한되어 있더라도 본체는 자여하다."[85]는 말과 "인·물의 '이'가 동일한 까닭은 이지통(理之通) 때문이다."[86]라는 율곡의 설, 즉 이통에 중점을 두는 태도이다.

그런데 이렇게 구별되는 이 두 사상은 역사적 기능에 있어서도 각기 서로 다른 시대 작용을 하고 있음을 볼 수 있다. 호학이 성을 특수적·차별적·이체적인 '기'와의 연관 속에서 개념 규정(性異)함에 따라, 금수와 사람, 이적과 중화(朝鮮中華民) 사이의 귀천을 준별하여 기존의 가치 질서와 시대적 이데올로기를 강화하는 이론적 토대로 기능하였다.[87] 이에 반해서, 낙학은 보편적·무차별적·동일적인 '이'에 역점을 둠(性同)으로써, 뒷날 후학으로 하여금 중세 사회의 계층 질서를 부정하고 근대적인 가치 질서를 확립할 수 있게 하는 하나의 초석을 마련하였던 것이다. 이것 역시 이 두 학파의 대별점(大別點)이라 하겠다.

---

83) 李相益, 『湖洛論爭의 根本問題 硏究』, 成均館大 大學院 碩士學位論文, 1986, 33쪽.

84) 『巍巖遺稿』 卷7, 130쪽. "愚嘗聞, 本然者一原也, 氣質者異體也."; 上同 卷7, 131쪽. "性雖有本然氣質之別, 而本然其主也."; 上同 卷12, 220쪽. "盖栗谷之意, 天地萬物, 氣局也, 天地萬物之理, 理通也. 而所謂理通者, 非有以離乎氣局也, 卽氣局而指其本體不雜乎氣局而爲言耳."

85) 『栗谷全書』 一, 卷10, 「答成浩原」, 212쪽. "惟其理之雖局於氣而本體自如."

86) 『栗谷全書』 一, 卷10, 「與成浩原」, 216쪽. "人之理卽物之理者, 理之通也."

87) 李愛熙, 「退溪 李滉의 人物性論」, 『人性物性論』, 한길사, 1994, 46쪽; 劉奉學, 『燕巖一派 北學思想 硏究』, 一志社, 1995, 92쪽; 鄭玉子, 『朝鮮後期 歷史의 理解』, 一志社, 1995, 134쪽, 각각 參考.

이제까지 율곡의 이통기국설과 그것이 인물성동이논쟁에 어떻게 적용 및 근거되었는지를 살펴보았다. 그 결과 율곡의 설이 주자학의 형이상학 체계인 이일분수설(理一分殊說)에 입각한 이론이므로, 이 두 방면(同·異)에 모두 설명이 가능하다는 사실을 알 수 있다. 더 엄밀히 말하자면, 호·락의 분쟁은 자신들의 소신과 관점에 따라 성(本然之性)의 개념을 달리 규정하면서 유발된 것이지만, 사실 이 논쟁의 근거가 된 율곡의 이통기국설 내에서도 그 특성상 인물성동이에 대한 관점의 상대적 성립의 논리 구조를 본유하고 있다는 점도 함께 유념해야 할 것이다. 이것은 율곡의 논리대로 이지승기(理之乘氣: 合看·不離)로 말하면 '기'에 국한되어 각각 현상적·특수적·차별적·사실적·이체적·개별적·개체적 일리(氣局之理)가 된다는 관점[88] - 호론의 이론 근거 - 과, 이지본체(理之本體: 離看·不雜)로 말하면 본체적·보편적·무차별적·이념적·동일적·전체적 그 본체의 혼연(理通之理)함은 진실로 자약하다는 관점[89] - 낙론의 동론 근거 - 의, 그야말로 양립적인 차원인 것이다.[90]

---

88) 『栗谷全書』 一, 卷10, 「答成浩原」, 212쪽. "以理之乘氣而言, 則理之在枯木死灰者, 固局於氣而各爲一理."

89) 上同. "以理之本體言, 則雖在枯木死灰, 而其本體之渾然者, 固自若也."

90) 여기서는 崔英辰의 아래 명시한 논문을 참고하였다. 최영진은 조선조의 儒學史를 분류할 때 상투적으로 적용시켜 온 기존의 틀(範疇), 즉 主理·主氣의 분류 방식에 대한 그 문제점과 한계를 비판한 다음, 다음과 같은 결론에 도달하고 있다. "성리학자들의 주 관심사는 이가 기보다 근원적인가, 아니면 기가 이보다 근본적인가. 이에 實在性을 인정하는가, 부정하는가라는 문제에 있는 것이 아니라 이와 기를 어떻게 보고, 어떤 관계로 설정할 것인가라는 문제에 있다."라 규정짓고, "조선조 儒學思想의 분류 틀을, 離·合看 또는 不離·不雜이라는 관점(관계)의 차원에서 설정할 때에 그 실상에 보다 접근될 수 있으리라"는 가설을 세우고 있어 그 참신성이 돋보인다. *合看=不離=一物=理氣無先後=人物性不同 *離看=不雜=二物=理先氣後=人物性同 (崔英辰, 「朝鮮朝 儒學思想史의 分類方式과 그 問題點 - 主理·主氣

우리가 여기서 놓쳐서는 안 될 중요한 사실은 낙학과 북학의 그 사상 내적인 계기(繼起) 요인을 해명해 낼 수 있는 연맥점, 즉 관점의 분기선상에서의 그 선택이라는 문제이다. 이러한 의미에서 되짚어 보면, 낙학의 산실인 외암이 견지한 입장은 차별적·이체적인 '기'보다는 무차별적·동일적인 '이'에 역점을 두어, 즉 정자(程子)의 성즉리를 주자의 이동(理同), 율곡의 이통(理通)으로 연결하여 성의 개념을 '이'의 개념과 일치시킴으로써 성동(性同)을 주장하게 되었다는 사실이다.[91] 동시에,

> "천명(天命), 오상(五常), 태극(太極), 본연(本然)은 명목이 비록 많지만, 모두 '이'를 기리킴에 따라서 그 명목을 달리하는 다른 이름에 불과하다. 처음부터 피차, 본말, 편전(偏全), 대소의 차이가 있는 것은 아니다."[92]

이처럼 성을 또한 천명·오상·태극·본연과 같은 개념으로 파악하여,[93] "천지 만물은 이 일원의 차원에서 모두 같다."[94]라 천명하고 있다는 점에 착목(着目)해야 할 것이다.

의 問題를 中心으로−」, 『韓國思想史學』, 제8집, 韓國思想史學會, 1997, 31~53쪽, 參考.)

91) 梁在悅, 「南塘 韓元震의 人物性不同論에 關한 考察−性의 槪念을 中心으로−」, 『朝鮮朝 儒學思想의 探究』, 驪江出版社, 1988, 218쪽.

92) 『巍巖遺稿』 卷4, 80쪽. "天命五常太極本然, 名目雖多, 不過此理之隨指異名, 而初非有彼此本末偏全大小之異也."

93) 李相益, 『湖洛論爭의 根本問題 研究』, 成均館大 大學院 碩士學位論文, 1986, 58~61쪽, 參考; 南塘은 天命은 超刑器而稱之한 것이며 五常은 因氣質而名之한 것이라 하여 각각 구별하고 있다.

94) 『巍巖遺稿』 卷12, 231쪽. "夫宇宙之間理氣而已. 其純粹至善之實, 無聲無臭之妙則天地萬物, 同此一原也."

외암이 이러한 입장에 섬으로써 야기되는 파장은 낙학계 학자들은 물론, 그들과의 혈연관계나 학문적 사승(師承) 관계에 있었던 북학파 실학자들[95]에게 있어서도 거의 절대적인 영향을 미쳤다. 그 실례로 홍대용, 박지원 등 북학파의 주요 인물들이 논쟁의 한쪽 당사자인 노론 낙론계의 종장 김원행(金元行, 1702~1772)과 직간접적으로 사승 관계에 있었던 만큼, 수학 과정에서부터 낙론계의 인물성동론에 친연성(親緣性)을 가지고 있었을 뿐더러 평생 동안 이것을 종지로 삼는 것이 거의 불가피한 일이 되었기[96]에 말이다.

이처럼 낙론이 성의 규정을 우주 만물의 존재 원리인 이일(理一, 理通之理)에 입각한다는 관점의 선택은, 북학의 사상 형성에 지대한 영향을 주면서 학문의 개방성과 해방성을 도출해내는 하나의 근원이 되었다. 즉 북학의 상대적·객관적 관점화(觀點化), 그리고 이를 통한 질식하리만큼 경화된 절대적 가치의 부정-보편동일시적 가치균등화-은 낙학이 보편성(理)과 특수성(氣)의 상호 분리(分離)·부잡(不雜)된 면을 중시하는 학문 태도에서 연원하는 것이라 할 수 있다.

화합과 공존을 위한 사상의 구축은 본래 우리는 하나라는 동일적이고 보편적인 이통의 공감 속에서만 가능해지는 것이다. 보편성과 동일성의 각성은 상대의 입장에 서서 상대를 고려할 줄 아는 상호 이해

---

95) 劉奉學, 『燕巖一派 北學思想 硏究』, 一志社, 1995, 80~86쪽, 參考.
96) 金文鎔, 「北學派의 人物性同論」, 『人性物性論』, 한길사, 1994, 577쪽; 또한 유봉학은 말하기를, "18세기 들어오면서 老論의 주자학자들이 호락논쟁이란 미증유의 大心性論爭을 벌이고 金昌協系의 金昌翕과 魚有鳳이 李縡·朴弼周 등과 함께 낙론의 핵심을 이루며, 18세기 중반 이후에는 金元行과 朴胤源 등이 낙론을 이끌어 간다는 점 등을 고려할 때, 湛軒·燕巖이 기본적 교양으로 지녔던 理氣心性論이 결국 낙론적일 수밖에 없었던 주된 요인을 이루는 것이라 하겠다."라 하여 이를 증언하고 있다. (劉奉學, 上同, 81쪽.)

의 상대화를 의미하며, 제삼의 눈이 존재한다는 관조적 객관화를 의미한다. 차별적인 무수한 개체들이 하나로 화합할 수 있으려면 지고지선(至高至善)한 존재의 원리-생명의 원리를 다같이 공유한다-는 무차별적 통합의 사상이 필요한 것이다.

이러한 면모들은 북학파 실학자 중, 특히 홍대용과 박지원에게서 뚜렷하게 나타난다. 그들은 차별과 특수의 의미를 내포하고 있는 기국의 불통(不通), 그리고 그 장벽으로 인해 초래된 질시와 분쟁의 고임목이었던 중세의 화이론에 제동을 걸었다. 바로 보편동일시적 화이일론(華夷一論)이 그것이다. 동시에, 그들은 실학적 학문관을 바탕으로 신세계와 신시대에 걸맞는 인간관, 자연관, 대외관 등의 새로운 철학 체계를 모색하였다. 더 나아가 과학적, 실증적, 객관적인 학문 태도를 일관되게 견지하여 문화의 신진대사인 외부 세계와의 끝없는 조응(調應)을 시도했던 것이다.

2) 서구 과학사상의 영향

16세기에서 18세기 동안 천주교의 예수회(耶蘇會), 프란시스코회(方濟各會), 도미니크회(多明我會) 등은 선교사들을 중국에 파견하였다. 그중 예수회 선교사들은 중국에서 지식선교의 전략을 취했다. 다시 말해 서방의 과학기술지식에 의탁해 중국의 지식 계층에 접근했던 것이다. 이 전략은 어느 정도 성공을 거두어 일부 중국 사대부(士大夫)의 도움을 받아 서방과학문화 및 천주교 교리의 저작을 번역·소개할 수 있었다. 이 한역서(漢譯書)들은 중국을 방문했던 조선 사절에 의해서 조선에 전해졌고, 이것은 서학이 조선에 전래된 한 경로였다. 이 과정에서 약간의 신학적(神學的)인 내용이 포함되기도 했지만, 서학 수용의 전반적인 경향은 서양의 과학사상과 기술, 그리고 신세계를 향한 지적 호기심에 있었다.

이렇듯 서학이란 주로 예수회 선교사들을 통하여 전해진 서구의 학문으로서, 중세 스콜라 철학에 기초한 가톨릭적 기독교사상과 예수회라는 선교단이 수용한 서양 중세와 르네상스기의 서양과학기술문명을 포괄하는 것이었다.[97] 이러한 서학, 특히 자연과학사상과 기술은 앞에서 언급했다시피 연행 사행(燕行使行) 등 청과의 잇따른 교류와, 한편으로는 표류해 정착한 외국인을 통해서 조선에 전래되었다. 이는 한국 실학사상 형성의 중요한 요건 중 하나로 받아들여지고 있다. 이처럼 실학자들에게서 나타난 자연 과학 분야의 새로운 관심과 지식은 세계관과 인식론 분야에서 새로운 시각의 철학적 논의를 유발하고 다양한 견해가 나오도록 하는 하나의 계기[98]가 되었던 것이다.

담헌(湛軒)은 1765년 35세 때에 중국에 가는 숙부 홍억(洪檍)을 수행하여 북경에 가서 절강의 문인과 학술을 교류하였다. 그리고 북경에 머물던 독일 사람 흠천감정(欽天監正) 헬레슈타인(劉松齡)과 부감(副監) 고가이슬(鮑友管)과 만났으며 관상대(觀象臺)를 견학하고 천문학에 대한 지식을 넓혔다.[99] 이때 그는 서방의 천문뿐만 아니라, 역상(歷象), 문자, 음악, 종교, 과기(科技) 등 다방면에 걸쳐 토론했다.[100] 귀국한 다음에는 이를 토대로 하여 지동설(地動說)을 주장함은 물론 조선 시대 제일의 과학사상가로서 수학의 원리 적용,

---

97) 崔韶子, 『東西文化交流史研究』, 三英社, 1987, 213쪽.
98) 李賢九, 「西洋 科學과 朝鮮 後期 實學」, 『實學思想과 近代性』, 예문서원, 1998, 124쪽.
99) 朱七星, 「洪大容의 哲學과 實學思想」, 『實學派의 哲學思想』, 예문서원, 1996, 132쪽.
100) 陳尙勝, 『中韓交流三千年』, 中華書局出版, 1997, 151쪽.

천문, 측량 도구에 대한 해설을 담은 『주해수용』(籌解需用)이란 책을 저술하였다. 더 나아가 자신의 집에 농수각(籠水閣)이라고 하는 천문대를 설치하여 혼천의(渾天儀)로 천문을 관측했을 정도였다.

담헌은 일찍부터 상수학(象數學)의 연구에 경도되고 있었는데, 아마 낙론계 일각의 학풍이었던 대곡(大谷) 김석문(金錫文, 1658~1735) 계통의 상수학의 영향이 있었던 것으로 생각된다.[101] 말하자면, 김석문은 그의 저작인 『역학이십사도해』(易學二十四圖解)에서 종래의 '중정외동'(中靜外動)적 지정천동설(地靜天動說)로부터 '중동외정'(中動外靜)·'외지중질'(外遲中疾)적 지전지동설(地轉地動說)에의 체계로 대전환을 역필(力筆)하고 있는데, 김원행(金元行) 문하의 분위기 - 스승 김원행과 우인(友人)인 황윤석(黃胤錫)이 김석문을 깊이 경모하여 그의 저서를 소유해 열람하고 있었다는 등의 사실 - 등의 이모저모를 살피건대, 담헌은 이러한 대곡의 학문과의 일정한 상관관계가 있

---

101) 劉奉學은 "大谷 金錫文은 金昌翕의 문인으로서 金昌翕의 격려를 받으며 『易』과 『性理大全』의 연구로 三大丸浮空說이란 획기적인 천문학 이론을 수립하였는데, 그의 象數學은 湛軒의 스승 金元行에게서도 크게 인정받고 있었다고 한다."라 말하면서, 다음과 같은 전거를 제시하고 있다. 즉 金昌翕, 『三淵集』 拾遺 卷31 「語錄」, "先生曰 象數何如 明履曰 象數極難通曉 雖有所通曉者 易忘可悶……(先生)又謂金錫文曰 君解此以教我 此盖難究處 不可求曉."; 黃胤錫, 『頤齋續稿』(『頤齋全書』所收) 卷3 「與金持平書」, "金大谷錫文 而其易學之發前人未發 一洗千古之謬者 不但爲 三淵芝村之所大許 雖以鄙見論之 當與康節伯仲 而東國花潭以下所不論也 我先生 亦嘗談及此老 深致慕焉 弟尤爲之心醉."(劉奉學, 『燕巖一派 北學思想 研究』, 一志社, 1995, 82~83쪽, 參考.); 또한 許宗恩은 "김석문은 당시 중국에 수용된 서양의 역법과 주돈이의 『태극도설』 등을 배경으로 자신의 체계를 정리하여, 종래의 地靜說을 비판하고 조선 최초로 지전설을 주장하였다. 이는 자연히 중국 중심의 세계관을 발피하고 주체의식을 자각하는 계기가 되었다. 이러한 그의 학문은 낙론의 象數學으로 계승되었다."고 했다. (許宗恩, 「서양 우주론의 최초 수용 - 大谷 金錫文」, 『韓國實學思想史』 韓國哲學史研究會, 도서출판 다운샘, 2000, 157쪽.)

음을 쉽게 짐작할 수 있다. 어쨌든 그는 이 같은 형태의 지전설(地轉說)을 기점으로 출발함과 동시에, 기본적인 서양 과학의 영향하에서 김석문의 「삼대환부공지설」(三大丸浮空之說), 즉 준무한우주적(準無限宇宙的) 요소를 계승해 발전시킴으로써, 동심원적(同心圓的) 우주로부터 무한우주에의 사상적·철학적 거보(巨步)를 내딛을 수 있었다.[102]

그리고 이와 동일한 시각에서 그의 『의산문답』(毉山問答)에 나타나고 있는 지계(地界), 각계(各界) 등의 용어에서 계(界)는 서양의 구중천설(九重天說) 및 천체관(天體觀)과 밀접한 관련이 있는 용어로[103] 간주된다. 또한 그가 이곳 『의산문답』에서 허자(虛子)에게 들려주는 큰 도란 전통적인 주자학적 진리와 대비되는 개념으로, 서양의 과학적 성과에 힘입어 이루어진 세계에 대한 새로운 인식의 산물인 것이다. 다시 말해, 서양 과학의 수용과 직결되는 것으로 그의 세계관 및 철학 체계의 변화를 수반하는 것[104]이다.

이처럼 그의 주 관심사가 실증적이고 과학적인 데로 기울어졌던 까닭에 이기론에 있어서도 '기' 위주로 전개되고 있다. 그는 "천지 사이에 충색(充塞)한 것은 '기'일 뿐이고 '이'는 그 가운데 있다."[105]고 규정해 세계의 근원을 '기'로 파악하여 '기'에 대한 '이'의 주재성(主宰性)을 부정하는 기일원론화(氣一元論化)의 경향을 보인다.

---

102) 小川晴久, 「地轉(動)說에서 宇宙無限論으로 — 金錫文과 洪大容의 世界 —」, 『東方學誌』 21, 1979, 參考.
103) 李賢九, 「西洋 科學과 朝鮮 後期 實學」, 『實學思想과 近代性』, 예문서원, 1998, 125쪽.
104) 金容憲, 「西洋科學에 對한 洪大容의 理解와 그 哲學的 基盤」, 『哲學』 제43집, 韓國哲學會, 1995 봄, 12쪽.
105) 已, 而洪大容, 『湛軒書』 內集 卷1, 「答徐成之論心說」, "充塞于天地者, 只是氣而理在其中."

"태허(太虛)는 본래 고요하고 비었으며 가득히 차 있는 것은 '기'이다. 안도 없고 바깥도 없으며 시작도 끝도 없는데, 쌓인 '기'가 일렁거리고 엉켜 모여서 질(質)을 이루며 허공에 두루 퍼져서 돌기도 하고 멈추기도 하나니 이른바 땅과 달과 해와 별이 이것이다. 대저 땅이란 그 바탕이 물과 흙이며, 그 모양은 둥근데 쉬지 않고 돌면서 공계(空界)에 떠 있다. 만물은 그 표면에 붙어서 살아가는 것이다."[106]

이 논변은 흡사 '기'를 우주의 본체로 삼고 '기'의 본체가 곧 태허라는 장재(張載, 1020~1077)나 서경덕(徐敬德, 1489~1546)의 전통적인 기론(氣論)의 기본적인 틀을 수용하면서 서양과학이론인 지구설·지전설을 결합하여 그의 독특한 자연과학적 세계관을 확립한 것으로 보인다. 그렇지만, 한편으로 장재나 서경덕의 기론과는 명확한 차이점을 보여주고 있는데, 이것은 바로 담헌의 음양(陰陽)과 오행(五行)의 견해[107]이다.

그는 "음양에 얽매이고 의리에 빠져 천도를 밝히지 못한 것은 선유(先儒)의 잘못이다."[108]라고 하여 기존의 음양설에 대해 비판을 가

---

106) 『湛軒書』 內集 卷4, 「毉山問答」, "太虛廖廓, 充塞者氣也. 無內無外, 無始無終, 積氣汪洋, 凝聚成質, 周布虛空, 旋轉停住, 所謂地月日星, 是也. 夫地者, 水土之質也, 其體正圓, 施轉不休, 淳浮空界, 萬物得以依附於其面也."

107) 金容憲은 주자학에서는 陰陽을 氣의 動靜으로, 즉 氣를 陰과 陽으로 나누어서 설명하는 것은 주자학의 특징이라 하면서 徐敬德의 氣論도 陰陽五行說, 나아가 象數學의 테두리를 벗어나지 않고 있다고 하였다. 이에 비추어 陰陽五行說을 부정하고 象數學에서 탈피하고 있는 洪大容의 理氣說은 이미 주자학, 나아가 성리학적 테두리를 벗어나는 것이라고 하였다. 또한 洪大容의 氣論이 전통적인 氣論과 결정적으로 다른 점은 地球를 둘러싸고 있는 空氣, 즉 大氣를 의미하는 西洋의 淸蒙氣說을 수용하고 있다는 것에서 찾아 볼 수 있다고 지적했다. (金容憲, 「西洋科學에 對한 洪大容의 理解와 그 哲學的 基盤」, 『哲學』 제43집, 韓國哲學會, 1995 봄, 21~24쪽, 參考.)

한다. 즉 "천지 사이에 별도로 음양 두 '기'가 따로 있어서 때에 따라 나타났다 사라졌다 하면서 조화를 주장한다."는 식의, 모든 자연현상을 무턱대고 음양의 두 '기'의 변화로 설명하려는 태도를 부정하고 있다. 그는 "음양의 근본을 궁구해보면 실상 태양 빛의 얕음과 짙음에 속한 것"이라 하였듯이, 그에게서 음양의 의미는 단지 지극히 자연스럽게 드러나고 있는 자연의 한 모습에 불과했던 것이다.[109]

그리고 오행에 있어서 그는 전통적인 기질관(氣質觀: 陰陽是氣, 五行是質)을 바탕으로 하여 서양의 4원소설을 유교적인 전통과 결합시켜 물질관을 상하구조로 만들어 놓으면서, '기'(天)를 위에 올려놓고 그 아래에 질로서의 화(日)·수(地)·토(地) 3원소설을 제기하였다.[110]

이러한 담헌의 기론은 종래의 음양오행설이 지녔던 공명 이론(共鳴理論)으로서의 사변성을 극복하고 보다 합리적인 물질론에 가까이 다가갔다고 평가할 수 있다.[111] 이러한 음양오행에 대한 그의 기본적

---

108) 『湛軒書』內集 卷4,「毉山問答」, "拘於陰陽 泥於義理 不察天道 先儒之過也."

109) 『湛軒書』內集 卷4,「毉山問答」, "萬物化生於春夏, 則謂之交. 萬物收藏於秋冬, 則謂之閉. 古人立言, 各有爲也. 究其本, 則實屬於日火之淺深, 非謂天地之間, 別有陰陽二氣, 隨時生伏, 主張造化, 如後人之說也."

110) 朴星來,「洪大容의 科學思想」,『韓國學報(23)』, 1981, 163~166쪽, 參考; 『湛軒書』內集 卷4,「毉山問答」, "夫火者日也. 水土者地也. 若木金者, 日地所生成, 不當與三者立爲行也. ……知天者氣而已, 日者火而已. 地者水土而已. 萬物者氣之糟粕, 火之陶鎔, 地者尤贅. 三者闕其一, 不成造化, 復可疑乎. ……人物之生動, 本於日火. 使一朝無日, 冷界凌兢, 萬品灦消, 胎卵根子, 將安所本. 故曰地者萬物之母, 日者萬物之父, 天者萬物之祖也."

111) 許南進은 여기에서 덧붙이기를 "洪大容은 이러한 氣論에 입각하여 지구의 둥금, 自轉, 宇宙無限을 비롯한 여러 자연현상을 나름대로 합리적으로 설명하고 있는데 역으로 여러 자연현상을 관찰하고 설명하기 위하여 이러한 氣論이 전제되었다고도 볼 수 있을 것이다."라 하였다. (許南進,「洪大容 (1731~1783)의 科學思想과 理氣論」,『아시아文化』第9輯, 翰林大,

인 이해는 객관적·실증적인 과학적 세계관의 도출과 발전으로 이어져 지구설과 더불어 지전설, 우주무한설 등의 일련의 우주론을 주장하게 함[112])으로써, 중세의 허위적 자연관을 극복하는 철학적 기반이 되었던 것이다.

연암(燕巖)에게 있어서도 자연을 인식할 때에는 기일원론(氣一元論)에 입각하여 그 생성과 변화를 설명하고 있다.

"다만 우리들 티끌세계의 사람으로서 저 월세계를 상상한다면 역시 마땅히 어떤 물건이 쌓이고 모여서 한 덩어리가 이룩되었으되, 마치 이 큰 땅덩이가 한 점 미진이 모인 것과 같을 것이니, 티끌과 티끌들이 서로 의지하되 티끌이 어린 것은 흙이 되고, 티끌의 거친 것은 모래가 되며, 티끌의 굳은 것은 돌이 되고, 티끌의 진액은 물이 되며, 티끌의 따스한 것은 불이 되고, 티끌의 맺힌 것은 쇠가 되고, 티끌의 번성한 것은 나무가 되고, 티끌이 움직이면 바람이 되고, 티끌이 찌면 기가 맺혀서 이에 벌레로 화하는 것이다."[113])

1993, 146쪽.)

112) 小川 晴久는 湛軒의 우주론 형성과 관련하여 다음과 같은 견해를 발표하고 있다. "①중국 고대 우주론 중의 하나인 宣夜說, ②北宋의 학자 張橫渠의 天文說(地球自轉을 통찰하고 있는 것 같은 견해), ③耶蘇會의 선교사에 의해 중국에 소개된 서양 천문학─티코 브라에(스웨덴의 천문학자)의 체계, 갈릴레오의 망원경에 의한 여러 발견, 코페르니쿠스의 地動說의 실질적 소개 등, ④조선의 학자 金錫文의 천문설, 이런 선행 유산들을 재료로 하고, 그의 同一性의 관점을 구사해 그의 宇宙無限의 地平은 개척되었다. 그 자신이 私設 천체관측소를 가진 천체관측자였다는 것을 잊어서는 안 된다. 그의 우주론은 최종적으로는 독자적인 그의 것이지만, 이상의 네 가지를 소재로 한 것이었다."(小川 晴久,「慕華와 自尊 사이─18世紀 朝鮮 知識人 洪大容의 中國觀─」,『月刊朝鮮』 NO.7·8, 1981, 221~222쪽.)

113)『燕巖集』卷14,「熱河日記·鵠汀筆談」, "但以吾等塵界, 想彼月世, 則亦當有物, 積聚凝成, 如今大地, 一點微塵之積也. 塵塵相依, 塵凝爲土, 塵巖爲沙, 塵堅爲石, 塵津爲水, 塵煖爲火, 塵結爲金, 塵榮爲木, 塵動爲

그는 흙·모래·돌·물·불·쇠·나무·바람·생명체 등 모든 자연 물의 생성 근원을 미립자로서의 '기'와 존재론적으로 연관을 가지는 티끌로 보고 있다. 이처럼 연암의 자연 인식은 우리에게 잘 알려져 있는 그의 지원설(地圓說)과 지구자전설 등의 과학적 자연관과 함께 형이상학적 자연관이 여전히 동시에 병존하고 있음을 알 수 있다.[114]

또한 그의 음양오행관에 있어서도 담헌과 같은 맥락에서 출발하고 있다. "음과 양이란 것은 일기(一氣)의 소식(消息)일 따름인데, 그들(儒者)이 둘로 나누었으니 그 고기가 잡될 것이다."[115]라 하여, 음양관을 호랑이의 입을 통해서 허위와 가식에 찬 당시의 유자(儒者)들을 비판한 데서 발론한다. 오행[116]에 대해서는 우리가 일상생활에서 이용하는 단지 다섯 가지의 물질로 봄[117]으로써, 기존 성리학과의 그 본질적인 차별성을 분명히 드러내고 있다. 다시 말해, 생성 원리로서 상생(相生)·상승(常勝)하는 것이 아니라 상자(相資)하는 것으로 보아 선용(善用)의 대상물로 연암은 파악했던 것이다.[118] 이러한 연암의 오행의 개념은 기본적인 입장에서 초정(楚亭) 박제가(朴齊家)에게 그대로 전승되고 있다. 즉 초정도 오행[119]을 만물의 생성

風, 塵埃氣鬱, 乃化諸蟲."
114) 金仁圭, 「燕巖 朴趾源의 自然觀과 歷史意識」, 『東洋古典研究』 第3輯, 東洋古典學會, 1994. 10. 621~628쪽. 參考.
115) 『燕巖集』 卷12, 「熱河日記·關內程史·虎叱」, "陰陽者, 一氣之消息也, 而兩之, 其肉雜也."
116) 『燕巖集』 卷1, 「洪範羽翼序」, "夫五行者, 天地所賦, 地之所蓄, 而人得以資焉. 大禹之所第次, 武王箕子之所問答, 其事則不過正德利用厚生之具, 其用則不出乎中和位育之功而已矣."
117) 南相樂, 「楚亭 朴齊家 實學思想의 社會哲學的 意義」, 『大東文化研究』 제27집, 成大 大東文化研究院, 1992. 87쪽.
118) 金仁圭, 「燕巖 朴趾源의 自然觀과 歷史意識」, 『東洋古典研究』 第13輯, 東洋古典學會, 1994. 10. 631쪽.
119) 朴齊家, 『北學議』, 「五行汨陳之義」, "箕子之洪範曰汨陳其五行. 五行者,

원리로서가 아니라, 실생활에서 이용해야 할 물성(物性)으로 파악했던 것이다.[120]

이상으로 살펴본 북학파의 과학실증적 학문 태도는 근대 과학적 합리 사회로 넘어가는 데 하나의 밑바탕이 되었다. 아울러, 자연 세계의 중세 신비적 이해를 떨쳐버리도록 함은 물론, 중화적 세계관을 해체함에 있어서도 그 중요한 역할을 했던 것이다.

2. 중세 화이론의 극복

1) 홍대용의 경우

담헌의 학문 정신이 주로 실증적이고 과학적인 데로 기울어져 있었기 때문에, 이기론에 있어서도 기일원론화의 경향을 보인다는 사실은 앞에서 이미 지적한 바 있다. 그렇지만, 그에게서 '이'는 여전히 세계를 설명하는 중요한 개념으로서 그 자리를 잃지 않고 있다.[121] 율곡

民所資以爲生, 日用而不可闕者."

120) 羅佑權, 「朴齊家의 實學 思想」, 『實學의 哲學』, 예문서원, 1997, 326쪽.
121) 許南進은 이 측면에서 다음과 같이 자신의 견해를 술회하고 있다. "洪大容은 일반적으로 氣一元論者 혹은 主氣論者로 알려져 있는데 그것은 洪大容의 관심이 자연과학적인 데로 많이 기울어져 있기 때문에 그런 것이지 心性論 부분에서 理氣論을 전개한 것을 보면 임성주와 같은 기일원론자는 아니다. 우리가 흔히 主理니 主氣니 하고 구분하는 것은 心性論에서 性과 理의 일치, 理의 自發性 여부를 가지고 하는 것이고 우주론에서는 主理論者, 主氣論者를 박론하고 氣에 의한 존재의 생성과 소멸을 논하고 있다. 따라서 모든 존재가 氣에 근본하고 있다고 주장한다 해서 반드시 主氣論者가 아니며 또 理의 존재를 부정하고 있는 것도 아니다. ……洪大容은 栗谷의 理通氣局說과 이재, 김원행의 인물성동론을 그대로

의 이통기국설과 낙론의 인물성동론을 충실히 계승함으로써, '이'·'기'의 범주적 독자성을 더욱 엄격히 유지하여 만물 공통의 존재 법칙과 생명 법칙적 차원에서 인물균(人物均)의 논리로 승화시키고 있다. 담헌의 다음 말에서 이를 확인할 수 있다.

> "대개 '이'는 '이'일 뿐이지 '기'가 아니며, '기'는 '기'일 뿐이지 '이'가 아니다. '이'는 무형하고 '기'는 유형하니, 이기의 분별은 천지만큼의 현격한 차이가 있는 것이다. …… '이'를 버려두고 홀로 존재하는 '기'는 있을 수 없지만 엄연히 '기'는 스스로 '기'일 뿐이며, 허공에 매달려 홀로 서 있는 '이'는 있을 수 없지만 엄연히 '이'는 스스로 '이'일 뿐이다."[122]

그리고

> "대저 만물은 동일적인 면으로 보면 모두 같고, 이체적인 면으로 보면 모두 다르다. 그러므로 '이'라고 하는 것은 천하의 같은 바요, '기'라고 하는 것은 천하의 다른 바다."[123]

> "무릇 같은 것은 '이'이고, 같지 않은 것은 '기'이다. 보석은 지극히 보배롭고 똥은 지극히 천한데, 이것이 '기'이다. 보석이 보배로운 소이(所以)와 똥이 천한 소이는 인의(仁義)인데, 이것이 '이'이다. 그러므로 보

이어받으면서 理氣의 개념적 구분을 더욱 엄격히 하여 人物均의 논리를 展開하고 있다."(許南進, 「洪大容(1731~1783)의 科學思想과 理氣論」, 『아시아文化』 第9集, 翰林大, 1993, 14~15쪽.)

122) 『湛軒書』 內集 卷1, 「孟子問疑」, "蓋理者理也, 非氣也, 氣者氣也, 非理也. 理無形而氣有形, 理氣之別, 天地懸隔. ……無遺理獨存之氣, 而氣自氣也, 無懸空獨立之理, 而理自理也."

123) 『湛軒書』 內集 卷1, 「答徐成之論心說」, "凡物同則皆同, 異則皆異. 是故理者, 天下之所同也, 氣者, 天下之所異也."

석의 '이'가 곧 똥의 '이'이고 똥의 '이'가 곧 보석의 '이'이다."124)

이것은 마치 율곡의 "말라 죽은 나무와 불이 꺼진 재의 '기'는 곧 살아 있는 나무와 타는 불의 '기'가 아니나, 말라 죽은 나무와 불이 꺼진 재의 '이'는 곧 살아 있는 나무와 타는 불의 '이'이다."125)라는 말이 연상될 정도로 담헌은 기존의 성리학 이론을 성실히 계승하고 있다. 다시 말해서, 만물의 이체적인 면으로 보면, 특수적·이질적인 '기'의 국한성 때문에 보석과 똥의 귀천의 차이가 생기지만, 보편적·동일적인 '이'의 소통성 때문에 보석과 똥은 귀천의 차이가 없다는 것이다.

이것 역시 "천지 만물은 기국이며 천지 만물의 '이'는 이통이다. 이른바 이통이란 기국과 떨어져서 존재하는 것이 아니라, 기국에 즉해서 그 본체가 기국과 부잡(不雜)함을 지적해서 말한 것이다."126)라 했던, 외암의 이기론적 이해 방식과 같다고 하겠다.

그러나 여기서 주의해야 할 것은 담헌이 비단 '기'에 대한 '이'의 주재성을 부정하고 '기' 운동의 자기원인성을 인정127)하고 있는 데서 그치지 않고, 일면 '이' 자체의 윤리성마저도 탈거(脫去)시키고 있다는 사실이다. 이렇게 되면, '이'는 절대적이고도 본원적인 의미로서 만화(萬化)의 근본이 될 수 없을 뿐만 아니라, 도덕의 근원성적 차원

---

124) 『湛軒書』 內集 卷1, 「心性問」. "夫同者理也, 不同者氣也. 珠玉至寶也, 糞壤至賤也, 此氣也. 珠玉之所以寶, 糞壤之所以賤, 仁義也, 此理也. 故曰珠玉之理, 卽糞壤之理, 糞壤之理, 卽珠玉之理也."

125) 『栗谷全書』 一, 卷10, 「答成浩原」, 212쪽. "枯木死灰之氣, 非生木活火之氣, 而枯木死灰之理, 卽生木活火之理也."

126) 『巍巖遺稿』 卷12, 11쪽. "盖栗谷之意, 天地萬物, 氣局也, 天地萬物之理, 埋通也. 而所謂埋通者, 非有以離乎氣局也, 卽氣局而指其本體不雜乎氣局而爲言耳."

127) 金仁圭, 「洪大容 實學思想의 近代志向性」, 『韓國哲學論集』 1, 韓國哲學史研究會, 1991, 82쪽.

에서까지 그 손상을 입고 만다.[128]

홍대용에 따르자면 이 세상의 모든 자연현상은 '기'의 취산(聚散) 운동으로 이루어지는 것이므로, '이'란 자연계의 움직임 뒤에 숨겨져 있는 자연의 법칙성에 불과한 것이며, 아울러, 사물에 내재된 법칙성 내지 사물의 속성으로[129] 이해해야 한다. 그는 '기'와 '이'를 시종일관 만물의 질료와 존재 원리라는 규정에 입각했던 것이다.[130] 이렇게 볼 때, 그의 이기론은 기존의 성리학과 일정한 거리가 있음[131]은 사실이지

128) 『湛軒書』內集 卷1, 「心性問」, "曰無聲無臭, 而爲造化之樞紐, 品彙之根柢, 則旣無所作爲, 何以見其爲樞紐根柢耶! 且所謂理者, 氣善則亦善, 氣惡則亦惡, 是理無所主宰, 而隨氣之所爲而已. 如謂理本善, 而其惡也, 爲氣質所拘, 而非其本體, 此理旣爲萬化之本矣, 何不使氣爲純善, 而生此駁濁乖戾之氣, 以亂天下乎! 旣爲善之本, 又爲惡之本, 是因物遷變, 全沒主宰."

129) 金仁圭, 「洪大容 實學思想의 近代志向性」, 『韓國哲學論集』 1, 韓國哲學史硏究會, 1991. 81쪽.

130) 金文鎔, 「北學派의 人物性同論」, 『人性物性論』, 한길사, 1994. 583쪽.

131) 朴星來는 기존 성리학의 理 개념과 洪大容의 理 개념에 관한 차이점을 다음과 같이 말하고 있다. "洪大容은 물질세계를 형성해 주고 또 변화시켜 주는 본질을 氣로 보고, 氣가 움직이는 법칙성을 理라고 해석했다. 그의 이와 같은 理氣論은 新儒學이 갖고 있는 理의 뜻을 오늘 우리가 갖고 있는 合理性의 理에 한 걸음 더 접근시켜 준 것으로 판단된다. 新儒學의 理는 오늘 우리가 생각하는 合理性 이외에 倫理性(또는 道德性)의 理까지를 포함하는 폭넓은 뜻으로 쓰여 왔다. 洪大容은 전통적인 理의 개념에서 倫理性을 제거해 버린 것이다. 그만큼 그의 자연관은 근대적인 합리주의에 접근하는 철학적 바탕을 마련했던 것이다." (朴星來, 「洪大容의 科學思想」, 『韓國學報(23)』, 1981. 163쪽.)
그리고 朴鶴來는 "氣에 대한 理의 주재성을 부정하는 洪大容에게서 理는 道德的인 근원, 즉 萬善의 근본으로 인정되지 못한다. 氣의 作爲에 구애받지 않는 본원적이고 초월적인 太極으로서의 理는 그에게서 더 이상 의미를 갖지 못한다. 따라서 天命이나 太極으로서의 理의 本然之性은 탈각된다. 性卽理에 있어 性은 理와 마찬가지로 구체적인 사물의 법칙에 지나지 않는 것이다."라 하여 洪大容의 理를 규정하고 있다.(朴鶴來, 「洪大容의 實學的 人間觀」, 『實學의 哲學』, 예문서원, 1997. 256~257쪽.)
마지막으로, 許南進은 "종래의 所以然之故와 所當然之則 두 면을 동시에 지닌 것으로 해석되었던 理의 의미를 所以然之故만으로 제한해버린 것이

만 그 성리학적 기본 형식만은 그대로 유지되고 있다[132)고 하겠다.

이와 같이 전개된 담헌의 이기론은 인성론인 이기심성(理氣心性)에 있어서도 그대로 적용되어 그 맥을 같이 한다. 우선 심(心)에 대한 그의 말을 보면, "가만히 생각해보니 심이란 오장의 하나로서 움직임이 있고 자취가 있으니, 다만 '기'일 뿐이요 '이'가 그 가운데 있다. '이'가 없는 것은 아니나 그 체를 말하면 '기'이니 비록 '이'가 있으나 '이'를 심이라고 할 수는 없는 것이다."[133)라 했다. 이로 보건대 그는 율곡 이래의 심시기설(心是氣說)을 근간으로 하고 있음을 알 수 있다. 그리고 이 심은 어떤 영험한 능력을 가지고 있다는 점에서 인물심동(人物心同)이라는 것이다.[134)

다. ……理氣의 개념 구분을 엄격히 하여 원리로서의 理와 존재로서의 氣라는 구분을 분명히 하고 이 구분에 따라 理의 實在性, 主宰性, 倫理性을 부정하고 있다. 洪大容은 있다는 것이 무엇을 의미하는지를 분명히 한 후 여기에 理라는 존재가 끼어들 틈이 없음을 논증하고, 도덕성, 윤리성을 理로 파악한 주자학의 理 개념에서 가치를 배제하여 理 개념을 새롭게 정립함으로써 法則으로서의 理 개념을 분명히 했다."라 하였다. (許南進, 「洪大容(1731~1783)의 科學思想과 理氣論」, 『아시아文化』 第9輯, 翰林大, 1993, 17쪽.)

132) 許南進은 "洪大容이 理의 개념 규정에서 전통적인 성리학의 골격을 받아들이면서 그 내용에 있어서는 성격을 달리하듯이 기를 논함에 있어서도 張橫渠 이후 徐敬德에까지 면면히 이어온 전통적인 氣論의 기본적인 틀을 그대로 받아들이면서 자신의 설을 가미한다."라 하여 이를 뒷받침해 주고 있다. (許南進, 「洪大容(1731~1783)의 科學思想과 理氣論」, 『아시아文化』 第9集, 翰林大, 1993, 17쪽.)

133) 『湛軒書』 內集 卷1, 「孟子問疑」, "竊以爲心者五臟之一, 有動有迹, 只是氣而已, 而理在其中, 非無理也, 而語其體則氣也, 雖有理也, 而不可認理而爲心."

134) 『湛軒書』 內集 卷1, 「答徐成之論心說」, "且心者, 神明不測之物也, 無形狀無聲臭. 雖欲不同, 何離何合何完何缺. 一有不同, 是心遂氣變體, 靈無定本. 旣無定本, 則智之於遇, 賢之於不肖, 皆不同也. 此豈理也歟. 故曰, 愚局於氣, 物局於質, 心之靈則一也. 氣可變, 而質不可變, 此一物之殊也. ……於是得淸之氣而化者, 爲人, 得濁之氣而化者, 爲物. 就其中至淸至粹, 神妙不測者, 爲心, 所以妙具衆理, 而宰制萬物, 是則人與物一也."

이와 더불어, 담헌이 말하는 성은 비록 '이'와 서로 존재론적인 위상은 다르지만, 그 내용에서는 하나로 이해되고 있음을 어렵지 않게 파악할 수 있다.

> "인의(仁義)를 말하면 예지(禮智)가 그 가운데 있고, 인을 말하면 의가 또한 그 가운데 있다. 인이란 '이'이다. 사람은 사람의 '이'가 있고 물(物)은 물의 '이'가 있다. 이른바 '이'라고 하는 것은 인일 따름이다. 천에 있어서도 '이'라 하고, 물에 있어서는 성이라 한다. 천에 있어서는 원형이정(元亨利貞)이라 하고, 물에 있어서는 인의예지라 한다. 그 실은 하나이다."[135]

우선, 그는 인의예지를 인(仁) 속에 모두 포함시킬 수 있다고 단정한다. 그리고 기존 성즉리의 성리학적 명제를 있는 그대로 받아들이면서, 이·성·인을 모두 동일 개념으로 파악하고 있다. 여기서 또한 알 수 있는 것은 그가 인을 '이'라고 하였듯이(仁者理也) 인의와 같은 윤리 덕목을 '이'인 자연계 전체의 존재 원리와 연계시킴으로써 우선 전통적 이해 방식을 따르고 있다는 점이다. 사실 전통적으로 생명 활동은 자연계의 기본 속성으로 이해됨을 상기해 볼 때,[136] '이'(性)의 내용격인 이인(인의)은 담헌에게서 바로 생명의 원리로 자연스럽게 받아들여졌던 것으로 보인다. 우리는 다음 말에서 이것을 확인할 수 있다.

> "초목도 전혀 지각이 없다고 할 수 없다. 비나 이슬이 내리고 나서

---

135) 『湛軒書』 內集 卷1, 「心性問」. "言仁義則禮智在其中, 言仁則義亦在其中. 仁者理也, 人有人之理, 物有物之理, 所謂理者, 仁而已矣. 在天曰理, 在物曰性, 在天曰元亨利貞, 在物曰仁義禮智, 其實一也."
136) 金文鎔, 「北學派의 人物性同論」, 『人性物性論』, 한길사, 1994, 590쪽.

싹이 돋는 것은 측은지심(惻隱之心)이고, 서리나 눈이 내리고 나서 나뭇잎이 떨어지는 것은 수오지심(羞惡之心)이다. 인은 곧 의이고 의는 곧 인이니, '이'라고 하는 것은 하나일 따름이다.[137]

결국, 담헌은 이 세계 만물은 이 '생명의 원리'를 함께 공유한다는 차원에서 인물성동의 입장을 취했던 것이다. 그리고 이·성·인을 동일 개념으로 파악했던 그는, 성이라는 용어를 '이'라는 용어로 대신 사용이 가능하였다. 이러한 맥락에서 다음 말을 보자.

"초목의 '이'는 금수의 '이'이고, 금수의 '이'는 곧 사람의 '이'이며, 사람의 '이'는 곧 하늘의 '이'이니, '이'라는 것은 인의일 따름이다."[138]

이처럼 보편적 존재 원리인 '이'와 생명 원리인 인의로 파악되는 그에게서의 성은, 구체적인 존재의 법칙이면서 동시에 온갖 이치의 총명(摠名)으로 언명한 것은 당연한 귀결이라 하겠다.

"가만히 생각해 보니 성이란 물의 법칙이면서 온갖 이치의 총명이다. 그 가운데 나아가 나눠 말하면, 인의예지의 이름이 있어서 이 네 가지에 즉해서 만선(萬善)이 갖추어져 있으니, 성 가운데에 어찌 일찍이 효제(孝弟)가 없겠느냐!"[139]

---

137) 『湛軒書』 內集 卷1, 「心性問」. "草木不可謂全無知覺, 雨露旣零, 萌芽發生者, 惻隱之心也. 霜雪旣降, 枝葉搖落者, 羞惡之心也. 仁卽義, 義卽仁, 理也者一而已矣."

138) 上同. "草木之理, 卽禽獸之理, 禽獸之理, 卽人之理, 人之理, 卽天之理, 理也者, 仁與義而已矣."

139) 『湛軒書』 內集 卷1, 「論語問疑」. "竊意性者, 物之則而衆理之摠名. 就其中分而言之, 有仁義禮智之名, 卽此四者而萬善足焉, 則性中曷嘗無孝弟乎!"

여기서 성의 일면인 물의 법칙이란 '기'에 국한된 이체적인 개별자, 곧 타 개별자와 구별되는 자기만의 특수적인 개성을 말한다. 이러한 상호 불통인 개별자의 국한성과 차별성을 뛰어 넘어서 주통(周通)할 수 있는 온갖 이치의 총명, 곧 무차별성적 생명의 원리는 다름 아닌 '이'라는 보편자의 소통성의 관점-이통(理通)에서 이해되는 또 다른 성의 일면인 것이다. 이것은 참으로 낙론의 인물성동론의 기본 형식[140]에서 연역된 논리 구조의 유전(遺傳)이 아닐 수 없다. 이러한 이해 방식은 결국 세계 인식에 대한 획기적인 전환을 창출할 수 있게 했는데 다음 말에서 여실히 드러난다.

> "오륜과 오사(五事)는 사람의 예의이고, 떼를 지어 다니면서 서로 불러 먹이는 것은 금수의 예의이며, 떨기로 나서 무성한 것은 초목의 예의이다. 사람의 입장에서 물을 보면 사람이 귀하고 물이 천하지만, 물의 입장에서 사람을 보면 물이 귀하고 사람이 천하다. 하늘의 입장에서 보면 사람이나 물이나 마찬가지이다."[141]

이는 인물성론에서 제시되었던 이·성·인을 하나로 관통시켜 하나의 생명 활동으로 파악[142]하는 태도의 연장선으로서, 초목금수의 생

---

140) 金容憲은 洪大容의 인물성동론의 논리가 주자학적 인물성동론자들의 논리와 어떻게 다른지 다음과 같이 자답하고 있다. "일단 존재론적 기본 전제가 다르다는 점을 들 수 있다. 주자학적 인물성론에서는 존재의 궁극적 근원이자 가치의 摠部인 太極, 天命의 객관적 존재를 전제하고 있다. 하지만 洪大容은 이것을 부정한다. 또한 인물성론에서는 五行의 존재를 전제하고 있지만 洪大容은 五行을 부정한다.(金容憲, 「西洋科學에 對한 洪大容의 理解와 그 哲學的 基盤」, 『哲學』 제43집, 韓國哲學會, 1995 봄, 31쪽, 參考.)

141) 『湛軒書』 內集 卷4, 「毉山問答」, "五倫五事, 人之禮義也. 群行呴哺, 禽獸之禮義也. 叢芭條暢, 草木之禮義也. 以人視物, 人貴而物賤, 以物視人, 物貴而人賤. 自天而視之, 人與物均也."

명 활동이 바로 인간의 예의와 똑같은 가치로 인정될 수 있음을 말하는 것이다. 그럼으로써, 인간만이 홀로 자귀(自貴)하다는 편향적이고 획일적인 관점―이인시물(以人視物)에서 벗어나, 물의 입장에서도 나를 바라볼 수 있는 상대적 관점―이물시인(以物視人)을 동시에 획득할 수 있게 하였다.

바꾸어 말하면, 상대도 나와 동일한 존귀성(생명의 원리)이 내재되어 있다는 해방적·화해적 인식의 틀을 마련함으로써, 상대의 존재를 인정함은 물론 더 나아가서는 이해·타협·공존할 수 있는 길을 열어 놓았다는 의미 부여가 가능하다는 얘기이다. 그리고 이 말은 자신들의 존재만을 고집하는 자기중심적 사고방식, 즉 배타적·대결적·상극적인 태도에서 떨쳐 일어나 화합적·공존적·상생적인 태도로의 전향을 의미 내포하는 것이다.

담헌은 이 논법을 여기서만 그치지 않고 계속 확대시키고 있다. 그는 상대와 내가 보편적 동일성으로 합일할 수 있게끔 하는 그 궁극적 존재 원리와 생명 원리의 연원을 탐색한 나머지, 종국에는 제삼의 객관적 눈이 건재함을 확인하기에 이른다. 『의산문답』의 자천시지(自天視之)나 『중용』의 천명지위성(天命之謂性)으로서의 인(人)·물(物)을 존재 가능케 하는 그 천의 존재 원리와 생명 원리가 그것이다. 그리고 이를 환기시킴과 동시에 이것으로의 회귀(回歸)를 통한 자연계 전체 생명체의 그 절대적인 평등 가치를 보장받으려고 했다.[143]

---

142) 朴鶴來, 「洪大容의 實學的 人間觀」, 『實學의 哲學』, 예문서원, 1997, 264쪽.

143) 小川 晴久는 필자의 이 논법과 유사한 용어로 동일성의 시점이라 이름하고 있다. 이를테면, "인간 중심(자기중심)의 보는 방식을 비판하려면 그 반대의 방식(以物視人)을 제시하면 되는 것으로 생각하기 쉽지만, 시점을 반대쪽으로 옮기는 것만으로는 逆의 偏向(바이어스)이 생길 뿐이다. 참된 同一視는 양자의 부정 위에 성립된다는 것이다. 그렇지만 제2단계의 相對

다시 말해서, 『중용』의 천명지위성이라는 형이상학적 전거에서 오는 보편동일원리의 시발자인 하늘(天)의 객관적인 시각에 도달하여 그의 의식에서 보편동일시로의 회귀적 관점이 성취된 것이다. 그래서 그는 "어찌하여 하늘의 입장에서 물을 보지 않고, 오히려 사람의 입장에서 물을 보느냐"[144]고 강변했던 것이다. 즉 사람과 물이라는 상호 특수적 주관으로부터 벗어나 하늘이라고 하는 객관적 관점과 보편적 가치 기준으로 세계를 재인식하라는 엄명인 것이다.

그리고 이것은 북학사상의 태동 요인과 화이론 극복에 있어서 그 외발적 요소라 할 수 있는 그의 과학사상과 긴밀하게 연결되어, 중화와 오랑캐로 양분하는 당시 화이론적 사유 체계를 타파하는 논리와 곧바로 맞닿게 된다. 본래 화이사상은 중화를 중심으로 하는 사이(四夷)의 하이어라르키(hierarchy)적 세계 질서로서의 세계관으로서 천원지방설(天圓地方說)에 의지[145]하고 있다. 실제로도 중국에서는 옛날부터 지중(地中)이라고 부르는 측량 원점을 지금의 낙양(洛陽)의 가까운 곳에 두고 있었다. 거기가 사방으로 퍼지는 대지의 세계 중심이라는 것이다.[146]

視(以物視人)는 同一視로 가기 위한 불가결한 조작이다. 우주무한의 지평(우주 내의 同一視)을 개척하려면 저 먼 별에서 한번 지구를 돌아보아야만 한다. 華夷一也의 시점에 도달하려면 한번 夷를 중심으로 해 夷에서 華를 보아야만 한다. 「毉山問答」에서는 이 관계가 참으로 잘 제시되었다. 그러나 相對視를 매개로 한 同一視의 시점은 실상은 老子와 莊子에 의해 제시된 道家의 시점이 아니었던가. 여기에 과학적으로 다져진 實翁의 시점으로서 새로 탄생한 도가의 시점을 보게 된다. (小川 晴久, 「慕華와 自尊 사이 - 18世紀 朝鮮 知識人 洪大容의 中國觀 - 」, 『月刊朝鮮』 NO. 7·8, 1981, 222쪽.)

144) 『湛軒書』 內集 卷4, 「毉山問答」, "曷不以天視物, 而猶以人視物也."
145) 姜在彦 著·鄭昌烈 譯, 『韓國의 開化思想』, 比峰出版社, 1981, 80쪽.
146) 許宗恩, 「서양 우주론의 최초 수용 - 大谷 金錫文」, 『韓國實學思想史』 韓國哲學史研究會, 도서출판 다운샘, 2000, 155쪽.

그러나 홍대용에게 와서 급기야 이러한 중화사상의 성립 근간이라 할 수 있는 전통적 천원지방설은 거부되고야만다. 이것은 서양의 과학사상이 이미 담헌에게서 의식화되어 나타난 결과였다. 예컨대, 지구구형설(地球球形說)은 단순히 지구의 형태에 대한 올바른 이해의 의미만은 아니었다. 그것은 중국 중심의 편협한 세계 인식에서 벗어나 유럽과 같은 새로운 세계로 눈을 돌릴 수 있는 계기를 마련했던 것이다.147) 이처럼 담헌이 지원설과 더불어 지전설 및 우주무한설을 함께 제시함에 따라서 중세적 사유 체계인 화이론이 종국에 가서는 부정되기에 이르렀던 것이다. 이제 지원설 등에 대한 담헌의 논거를 간략히 살펴보도록 하자.

먼저, 그는 월식과 일식 때 일어나는 현상을 통해 다음과 같이 지원설을 피력하고 있다.

"달이 해를 가릴 때 일식이 되는데 반드시 가려진 체(體)가 둥근 것은 달의 체가 둥글기 때문이다. 땅이 해를 가릴 때 월식이 되는데 가려진 체가 둥근 것은 땅의 체가 둥글기 때문이다. 그런즉, 월식은 땅의 거울인 것이다. 월식을 보고도 땅이 둥근 줄을 알지 못한다면 이것은 거울로 자기의 얼굴을 비추면서 그 얼굴을 분별하지 못하는 것과 같다."148)

계속해서 그의 지전설을 보면,

"땅덩어리는 빙빙 돌아 하루에 한 바퀴를 돈다. 지구의 둘레는 9만 리이

147) 金容憲, 「西洋科學에 對한 洪大容의 理解와 그 哲學的 基盤」, 『哲學』 제43집, 韓國哲學會, 1995 봄, 13쪽.
148) 『湛軒書』 內集 卷4, 「毉山問答」, "月掩日而蝕於日, 蝕體必圜, 月體之圜也. 地掩日而蝕於月, 蝕體亦圜, 地體之圜也. 然則月蝕者, 地之鑑也. 見月蝕而不識地圜, 是猶引鑑自照而不辨其面目也."

고 하루는 12시간인데 9만 리의 넓은 둘레를 12시간에 도는 것을 보면, 그 운행의 빠름은 천둥보다도 빠르고 포환보다도 빠르다고 할 것이다."[149]

또한 우주무한설을 다음과 같이 주장한다.

　"은하란 여러 세계를 묶은 한 세계로 공간 세계에 두루 돌아 한 큰 테두리를 이룬 것이다. 그 속에 많은 세계의 수효가 몇 천 몇 만이나 되는 바, 해와 지구 등의 세계도 그중 하나일 뿐 하늘의 한 큰 세계이다. 그러나 지구에서 볼 때 이와 같을 뿐, 지구에서 보는 이외에도 은하 세계 같은 것도 몇 천 몇 만 몇 억이나 되는 줄 알 수 없으니, 나의 자그마한 눈에 의하여 갑자기 은하가 가장 큰 세계라 할 수 없을 것이다."[150]

더 나아가서 담헌은 "하늘에 가득 찬 별치고 세계 아닌 것이 없으며, 별세계에서 본다면 지구도 역시 한 개의 별이다. 무한한 세계가 공간에 흩어져 있는데 오직 이 지면 세계만이 교묘하게 한복판에 있을 그러한 이치는 없다."[151]고 하여 우주무한설에 대한 사고는 지구중심설을 부정하는 데까지 미치고 있다.

　정리하자면, 담헌의 과학사상은 지리 공간적 개념으로서의 상대적 자기중심성 획득의 출발점이 됨은 물론, 물(物)·아(我) 상호간 보편 동일성 인식을 통한 화이등가론(華夷等價論) 확립의 이론적 근거가 되었다. 그는 과학적 지식을 단지 과학적 차원에서의 지식만으로 끝

---

149) 上同. "夫地塊旋轉, 一日一周, 地周九萬里, 一日十二時. 以九萬之闊, 趨十二之限, 其行之疾, 亟於震電, 急於炮丸."
150) 上同. "銀河者, 叢衆界以爲界, 旋規於空界, 成一大環. 環中多界, 千萬其數. 日地諸界, 居其一爾. 是爲太虛之一大界也. 雖然地觀如是, 地觀之外, 如河界者, 不知爲幾千萬億. 不可憑我渺眼遽, 以河爲第一大界也."
151) 上同. "滿天星宿, 無非界也. 自星界觀之, 地界亦星也. 無量之界, 散處空界, 惟此地界, 巧居正中, 無有是理."

내지 않고 사상적 차원으로까지 확장시켰던 것이다. 즉 그의 과학사상을 통해 화이지분(華夷之分)과 내외지분(內外之分)을 철저하게 해체시키고, 화와 이, 내와 외를 각각 상대화시켰다.[152] 그리하여,

"중국은 서양에 대해 경도의 차이가 180도에 이른다. 중국인은 중국을 정계(正界)로 삼고 서양을 도계(倒界)로 삼는다. 서양인은 서양을 정계로 삼고 중국을 도계로 삼는다. 사실 하늘을 이고 땅을 밟고 계를 따름이 모두 이와 같다. 횡도 없고 도도 없으며 다 같은 정계인 것이다."[153]

라 함으로써, 담헌은 종래의 중국 중심적 세계관을 타파하여 대소를 막론하고 모든 나라는 평등하다는 근대적인 국가 개념 - 국가상대주의를 성립하게 했다. 아울러, 근대에 있어서의 만국공법(萬國公法)적 국제 질서 개념을 구축하고 대응하게 하는 하나의 초석을 마련했던 것이다. 담헌의 다음 말을 보자.

"하늘이 내고 땅이 길러주는 무릇 혈기가 있는 자는 다 같은 사람이며, 여럿에 뛰어나 한 나라를 맡아 다스리는 자는 다 같은 임금이며, 문을 거듭 만들고 호(濠)를 깊이 파서 강토를 조심하여 지키는 것은 다 같은 국가요, 장보(章甫: 殷代의 관)이건 위모(委貌: 周代의 관)이건 문신(文身: 東夷의 습속인 먹물 넣기)이건 조제(雕題: 南蠻의 습속인 이마에 그림 새김)이건 간에 다 같은 자기들의 습속인 것이다. 하늘에서 본다면 어찌 안과 밖의 구별이 있겠는가. 각각 제 나라 사람을 친하고 제 나라 임금을 높이며, 제 나라를 지키고 제 나라 풍습을 좋게 여기는 것은

---

152) 姜在彦 著·鄭昌烈 譯, 『韓國의 開化思想』, 比峰出版社, 1981, 82쪽.
153) 『湛軒書』 內集 卷4, 「毉山問答」. "中國之於西洋, 經度之差, 至于一百八十. 中國之人, 以中國爲正界, 以西洋爲倒界. 西洋之人, 以西洋爲正界, 以中國爲倒界, 其實戴天履地, 隨界皆然. 無橫無倒, 均是正界."

중국이나 오랑캐나 한가지이다."154)

되풀이되는 말이지만, 이와 같은 세계 인식에 대한 획기적인 관점의 전환, 즉 이물시인(以物視人)・수계개연(隨界皆然)의 상대화, 자천시지(自天視之)의 객관화, 그리고 여기서 귀결된 담헌의 보편동일시적 화이일론 항변은, 전통 학풍의 영향권 아래의 인물성동론을 논하는 과정 속에서 귀착됨-인물균(人物均)155)・균시인(均是人)-과 동시에, 이에 청(淸)으로부터 유입된 서구의 과학사상에 자극을 받아 형성된 그의 과학실증적 자연우주관-균시정계(均是正界)-이 상호 합치되어 이루어진 것이다.

부연하자면, 담헌은 균시인 → 균시군왕(均是君王) → 균시방국(均是邦國) → 균시습속(均是習俗)이라 하여 당시 절대시되던 강권적 가치들을 수평화해 해체시키고자 했다. 그리고 절대적 객관 실체인 하늘에서 본다면 화족이나 이족이나 매한가지라고 언명함에 따라서 중국 중심의 중화적 세계관은 이제 더 이상 지탱할 수가 없게 되었던 것이다. 이것은 중세 사회의 계층 질서를 극복하고 근대적인 사회 질서로

---

154) 上同. "天地所生, 地之所養, 凡有血氣, 均是人也. 出類拔萃, 制治一方, 均是君王也. 重門深濠, 謹守封疆, 均是邦國也, 章甫委貌, 文身雕題, 均是習俗也. 自天視之, 豈有內外之分哉. 是以各親其人, 各尊其君, 各守其國, 各安其俗, 華夷一也."

155) 人物均이라 할 때 人과 物의 개념은 아직 명확하지 않은 감이 있으나, 필자의 견해로는 생물학적 차원과 비생물학적 차원으로 우선 나누어 볼 수 있으리라 생각된다. 특히 이 글의 논점과 직접적인 연관성이 있는 생물학적 차원에서의 문화적・종족적 개념으로 접근하자면, 人・物에 있어 人이란 華人, 즉 이를 계승한 朝鮮中華族의 지칭으로 보아야 할 것이다. 그리고 이에 對比되는 의미로서의 物이란 朱子가 夷狄을 非人이라 규정하여 人과 禽獸의 중간에 위치시키고 있는, 다시 말해 人의 類에서 제거시키고 있다는 점에서 胡夷・倭夷・西夷가 모두 여기에 포함될 것으로 생각된다. 이러한 판단에 비추어 본다면 人物均은 華夷一과 동격임을 알 수 있다.

발걸음을 내딛는 우리 민족의 역사적 출발점이 아닐 수 없다.

담헌은 이렇듯이 그의 내외인적 사상을 기반으로 하여 전통 중화적 세계관을 제압하고, 당시 공론이었던 반청적 북벌론에 대극되는 북학론을 대담하게 제시하게 된다. 그런데 이 북학론을 뒷받침하고 있는 그의 철학 토대는 살펴본 대로 객관적이고 과학실증적인 진리 정신에서 연역되었던 것이다. 이렇게 볼 때, 북학과 서학을 주창했던 그의 외래문물수용론은 근원적으로 숭청(崇淸)·숭서(崇西)의 사대가 아닌 당당한 자립 사상이었음을 알 수 있다.

2) 박지원의 경우

연암의 이기론에 있어서도 담헌의 그것과 다분히 흡사하다. '기'는 우주 만물의 질료·에너지에 해당하고 '이'는 그 발생·운용의 원리·법칙을 의미한다.[156] 그러나 그는 담헌과는 달리 '이'의 주재성을 애써 부정하고 있지 않기 때문에, 그에게서의 '이'는 보편자로서 우주 전체를 관통하는 근원적 일원성(一原性)의 의미를 비교적 강하게 내포한다고 볼 수 있다.

"만물이 생겨남에 어느 것도 '기'가 아님이 없다. 천지는 큰 그릇이다. 그것을 채우는 것이 '기'라면 차도록 하는 것이 '이'이다. 음과 양이 서로 부딪치니 '이'는 그 안에 있고 '기'는 그것을 감싼다. 이는 마치 모든 복숭아가 씨를 품고 있고 동전이 땅에 흩어져 있되 다같이 한 줄에 꿸

---

156) 金炯瓚, 「朴趾源 實學 思想의 哲學的 基盤」, 『實學의 哲學』, 예문서원, 1997, 298쪽.

수 있는 것과 같다. 이는 '이'의 일원이니 길은 달라도 귀결점은 같은 것이다. 지금 저 불이라는 것은 쇠와 돌을 부딪치기를 정성껏 하면 얻을 수 있는 것이니, 그것을 물에 던져 타기를 바란다면 올바른 소견이 아니다."157)

　이것은 앞서 지적한 바대로 일원적 보편자로서의 '이'의 강조적 어투가 느껴지는 논변이다. 즉 '기'의 국한성 때문에 복숭아와 동전이라는 비록 특수적 개별자로 형용하고 있지만, 씨와 끈(理)이라는 차원에서 본다면 하나로 관통할 수 있음(理通)을 은연중에 말해주고 있는 표현이라 하겠다. 그리고 마지막 구절에서 불의 일정한 성질을 예로 들어 '이'의 특성을 나타내고 있는데, 바로 이어지는 다음 구절에서 "비록 한여름이라 할지라도 더 뜨겁지 않고, 비록 한겨울이라 할지라도 그 빛이 줄지 않는다. ……섶이 바뀌어도 불은 바뀌지 않음은 성이고, 행(行)은 일컬어도 '기'를 일컫지 않음은 덕(德)이다."158)라 한 것처럼, 이것은 '이'의 항존성·불변성을 인정하고 있는 말 다름 아니다.159)

　한편, 그의 심성론을 살펴보면 그는 성즉리, 심시기(心是氣)의 관점에서 심과 성의 관계를 직접 '기'와 '이'의 관계로 비유하고 있음을 알 수 있다.

157) 朴趾源, 『燕巖集』 卷2, 「答任亨五倫原道書」, "萬物之生, 何莫非氣也! 天地大器也, 所盈者氣, 則所以充之者理也. 陰陽相盪, 理在其中, 氣而包之. 如桃懷核, 萬顆同兆, 如錢散地, 萬銖同貫. 此理之一原, 而殊塗同歸者也. 今夫火也, 金石相薄, 誠則得之, 投水求焚, 非所見也."
158) 上同. "雖盛夏不加其熱, 雖大冬不捐其光 ……易薪不易火性也, 稱行不稱氣德也."
159) 金炯贊, 「朴趾源 實學 思想의 哲學的 基盤」, 『實學의 哲學』, 예문서원, 1997. 299쪽.

"심을 바로 지적하면 '기'가 성해서 질이 있는 것이고, 성만을 전적으로 말한다면 '이'가 온전하여 형이 없는 것이다. 그러므로 심이 아니면 성은 집으로 삼을 곳이 없고, '기'가 아니면 '이'가 살아갈 곳이 없다. 이것은 마치 성이 심에 부차적인 것이고 '이'는 '기'에 응하는 것 같다. 그러나 성이 없으면 심은 빈 집이고 '이'가 없으면 '기'는 지나가는 나그네인 것이다."[160]

연암은 전통적인 개념과 논리를 토대로 하여 심·성을 직접 이·기로 대응시킬 뿐만 아니라, 이기의 관계로 일컬어지는 불상리(不相離), 불상잡(不相雜)의 이론을 적용시켜 전개하고 있다. 이러한 태도는 율곡 이래 노론의 학맥을 계승한 것으로 볼 수 있다. 다음 말은 심과 성의 이기론적 관계성이 더욱 구체적으로 드러난다.

"심은 심지(炷)이다. 심지를 주(主)라고 하는 것은 그것이 중심에 세워져 불을 주관(主)함을 이르는 것이다. (초의 심지가) 타오른 다음에야 그 성을 알 수 있으니, 성은 소이연지고(所以然之故)이다. 초가 타오르기 전에는 어디에 밝음이 있겠는가!"[161]

여기서는 '기'의 속성인 심을 심지(炷)에, 그리고 성을 불에 비유하여 성이 순수한 '이'(불의 밝음)의 개념임을 은근히 표출하고 있다. 즉 "발하는 것은 '기'요 발하게 하는 소이는 '이'이니, '기'가 아니면 능히 발하지 못하고 '이'가 아니면 발하는 바가 없다."[162]라는 율곡의

160) 『燕巖集』 卷2, 「答任亨五倫原道書」. "心直指則氣之盛而有質者也, 性專言則理之全而無形者也. 故非心則性無所宇, 非氣則理無所活. 此似乎性次於心, 而理聽於氣. 然無性則心爲空舍, 無理則氣是過客."
161) 上同. "心也者炷也. 炷之言主也, 謂其建中而主火也. 然而後知其性也, 性者所以然之故也. 未燭之未燃, 明在何處!"
162) 『栗谷全書』 一, 卷10, 「答成浩原」. "大抵發之者氣也, 所以發者理也, 非

말과 같은 맥락에서 파악할 수가 있겠다. 심지(氣・心)가 타오른 후
에야 불꽃(理・性)이 나타날 수 있으나, 심지의 본래적 기능인 타올
라 밝히게 되는 원인・원리는 바로 불에 있다는 것이다.

또한 연암은 성으로 비유되는 이 같은 불에 있어서도 기질지성(氣
質之性)과 대비되는 '기'의 탈각된 개념으로서의 천명지성(天命之性)
이 있다고 인정한다. 천명지성에 대한 그의 견해를 보면 다음과 같다.

> "만물은 다 같이 기화(氣化)하는 중에 있으니, 어느 것인들 천명이
> 아니겠는가! 성이란 심을 따르고 생(生)을 따르는 것이니, 심이 갖추고
> 있는 것이자 생의 족속이다. '기'가 없으면 명(命)이 끊어지니 성이 어
> 디로부터 생하겠는가! 진실로 천명의 본연을 궁구한다면 어찌 유독 성
> 만 선하겠는가! '기' 역시 선한 것이다. 어찌 '기'만 선하겠는가! 만물
> 중에 생을 머금은 것은 선하지 않은 것이 없다. 그 천을 즐거워하며
> 그 명을 따름은 만물과 내가 같지 않음이 없다. 이것이 바로 천명의
> 성이다."163)

성은 다름 아닌 '이'이기 때문에, 반드시 심 즉 '기'의 대대(待對)
관계 하에서만 그 존재의 의미가 인지될 수 있다. 그러므로 성이 존
재하기 위해서는 '기'가 전제되어야 함은 당연한 일이었고, 아울러 성
선(性善)을 위한 생명 또한 전제되어야 했다. 원래 낙하의 학자들이
인물성동론을 주장하게 된 배경은 성선지지(性善之旨)를 밝히고자 하
는 실천적 의의를 가지고 있었다.164) 이로 볼 때에 연암에게서도 그

　　　氣則不能發, 非理則無所發."
163) 『燕巖集』 卷2, 「答任亨五倫原道書」, "萬物同在氣化之中, 何莫非天命! 夫
　　　性者從心從生, 心之具而生之族也. 無氣則命絶矣, 性安從生! 非生則性息
　　　矣, 善安所係耶! 苟究天命之本然, 則奚獨性善! 氣亦善也. 奚獨氣善! 萬物
　　　之含生者, 莫不善也. 樂其天而順其命, 物與我無不同也. 是則天命之性也."

생명체의 성은 선할 뿐더러, 그로 인해 그 구성 질료인 '기' 역시도 선할 수밖에 없었던 것이다.

그리고 위의 예문에 앞서 논변하기를, "성은 심의 덕이면서 생의 '이'이다. 청명하고 순수함이 그 심덕(心德)일진저! 공정하고 영활함이 그 생리(生理)일진저!"165)라 한 것처럼, 그도 담헌과 마찬가지로 성을 생명의 원리로 여겼던 것이다. 이러한 시각에서 보건대, 그가 '물과 내가 다르지 않다'(物與我無不同也)고 한 말은 우주의 모든 생명체의 공통분모인 바로 생명의 원리(天命之性)를 공유한다는 차원서 선하다는, 이른바 가치론적인 무차별성을 의미하는 것임을 쉽게 짐작할 수가 있다.

이처럼 연암도 심·성을 규정해내는 도중, 담헌과 그 동일한 선상에서 상대적·객관적 관점화 또는 이를 통한 보편동일시적 가치등가화로 자연스럽게 접맥되었던 것이다. 이를테면, 이 일련의 논리들은 세계 인식의 변화를 의미하는 것으로, 결국은 인물막변론(人物莫辨論)166)·인자내제충지일종론(人者乃諸蟲之一種論)167)이 함유한 대로 인간 중심적 세계관으로부터의 탈피를 선언함이 아닐 수 없다.

　　"나로서 저를 본다면 고르게 이 '기'를 받아서 한 점 헛되고 거짓됨이 없으니, 어찌 천리의 지극한 공평함이 아니겠는가! 물에 나아가 나를 본다면 나 역시 물의 하나이다. 그러므로 물을 체득하여 그것을 돌이켜

---

164) 劉奉學, 『燕巖一派 北學思想 研究』, 一志社, 1995, 93쪽, 參考.

165) 『燕巖集』 卷2, 「答任亨五倫原道書」. "性者, 心之德而生之理也. 淸明純粹, 其心德乎! 公正靈活, 其生理乎!"

166) 『燕巖集』 卷14, 「熱河日記·山莊雜記·象記」. "易曰天造草昧, 草昧者其色皀, 而其形也靃, 譬如將曉未曉之時, 人物莫辨, 吾未知, 天於皀靃之中, 所造者, 果何物也."

167) 『燕巖集』 卷14, 「熱河日記·鵠汀筆談」. "塵氛氣鬱, 乃化諸蟲, 今夫吾人者, 乃諸蟲之一種也."

나에게서 구해보면 만물이 모두 나에게 구비되어 있으며, 나의 성을 다함이 능히 물의 성을 다하는 바이다."168)

"대저 천하의 이치는 하나이다. 호랑이의 성이 악하면 사람의 성도 또한 악하고, 사람의 성이 선하면 호랑이의 성도 또한 선하다. ……네가 '이'를 말하며 성을 논하되 걸핏하면 하늘을 들먹이지만, 하늘의 명한 바로써 본다면 호랑이와 사람은 곧 물의 하나이다."169)

이 우주의 모든 삼라만상은 똑같이 지극 공평한 천리에 따라 '기'를 부여받았으니, 본질적으로 만물과 나는 그 생명 원리의 가치론적 차원에서 무차등한 것이다. 또한 이와 동시에 우주 천리인 생명 원리를 현상계에서 실제로 화현(化現) 가능케 해주는 '기' 역시도 그 동일한 차원에서 한 점 허가(虛假)가 없는 것이다. 이렇듯이 물과 내가 하나일 수 있는 '이'의 소통성(理通)에 입각한다면, 만물은 모두 나에게 갖추어져 있으니 진실로 내 본성 ─ 생명 원리·존재 원리 ─ 을 실현함이 곧 물의 본성을 실현한 바 하겠다.

아울러, 여기에서 한 가지 더 주목할 사실은, 위의 인용문이 내포하고 있는 의미상에 덧붙여서 "만물은 모두 기화하는 중에 있으니 어느 것인들 천명이 아니겠는가!"170)라는 말, 그리고 "이것은 '이'의 일원이니 길은 달라도 귀결점은 같다."171) 등의 말들을, 낙론의 학설,

---

168) 『燕巖集』 卷2, 「答任亨五倫原道書」, "以我視彼, 則勻受是氣, 無一虛假, 豈非天理之至公乎! 卽物而視我, 則我亦物之一也. 故體物而反求諸己, 則萬物皆備於我, 盡我之性, 所以能盡物之性也."
169) 『燕巖集』 卷12, 「熱河日記·關內程史·虎叱」, "夫天下之理一也. 虎性惡也, 人性亦惡也. 人性善則虎之性亦善也. ……汝談理論性, 動輒稱天, 自天所命而視之, 則虎與人乃物之一也."
170) 『燕巖集』 卷2, 「答任亨五倫原道書」, "萬物同在氣化之中, 何莫非天命!"
171) 上同, "此理之一原, 而殊塗同歸者也."

즉 성을 천명·오상·태극·본연과 같은 개념으로 일치시키고 있다는 점과 연결시켜서 추론해 본다면, 결국 박지원이 낙학파의 인성물성동론을 직간접적으로 계승하고 있음을 어렵지 않게 깨달을 수 있다.

여하튼 이러한 제반적인 요인들에 의해서 급기야는 연암의 사고 속에서도 물의 입장에서 나를 보면 나 역시 물의 하나(卽物而視我, 則我亦物之一也)라는 상대적 관점화에 도달하게 되었음은 물론, 더 나아가서는 천리(天命)라는 제삼의 존재가 각인되어 세계에 대한 객관적 관점화라는 획기적인 인식의 전환이 창발되었던 것이다.

종국에는 이와 같이 형이상학적 인성론인 인물성동론에서 귀착된 물시(物視: 卽物視我), 천시(天視: 自天所命視之)라는 세계 인식에 대한 관점의 전환, 즉 객관화·상대화의 방법론은 역시 담헌의 경우와 유사하게 곧바로 그의 과학실증적 자연우주관인 지구설 및 지전설과 사상적 차원에서 합일되기에 이른다. 여기서 연암의 지구설과 지전설을 잠깐 살펴보도록 하자.

먼저 지구설을 보면,

> "하늘이 낸 물건은 모난 것이 없다. 비록 모기 다리·누에 궁둥이·빗방울·눈물·침이라 하더라도 일찍이 둥글지 않은 것은 없다. 지금 산하·대지·일월·성신도 모두 하늘이 내어 모난 별들을 본 적이 없으니, 땅이 둥근 것은 의심의 여지가 없다."[172]

여기서 연암의 지구설은 담헌이 "만물의 형체가 모두 원형이므로 지구도 예외일 수 없다."[173]고 했던 바로 그 소박한 유추에서 시작한

---

172) 『燕巖集』 卷14, 「熱河日記·鵠汀筆談」. "天造無有方物, 雖蚊腿蠶尻, 雨點涕唾, 未嘗不圓. 今夫山河大地日月星宿, 皆天所造, 未見方宿楞星, 則可徵地球無疑."

다. 그러나 담헌이 그랬듯이 연암 역시 월식 현상을 근거로 하여 보다 과학적인 태도로 나아가고 있다.

> "땅껍질에 붙어 있는 갖가지의 만물은 모양이 모두 둥글둥글하여 하나도 네모진 것이 없다. ……어째서 땅에 대해서만 네모나다고 하는가. 만약 땅덩이가 네모졌다고 한다면 저 월식 때 달을 검게 먹어 들어가는 변두리가 왜 활처럼 둥근 것인가"[174]

그리고 지구의 자전을 맷돌에 빗대어 지전설을 다음과 같이 주장한다.

> "땅의 본체는 둥글둥글 허공에 걸려 사방도 없고 위아래도 없이 마치 쐐기 돌 듯 돌다가 햇빛을 처음 받은 곳을 날이 밝아진다고 하는 것이다. 지구가 떠돌아 처음에 해와 마주 대하는 데서 차차 어긋나며 멀어져서 정오도 되고 해가 기울기도 하여 밤과 낮이 되는 것이다. 비유해서 말하면, 창에 구멍이 뚫어진 곳으로부터 햇살이 새어 들어와 콩알만하게 비친다고 하자. 창 아래는 맷돌을 햇살 비치는 곳에 놓고, 바로 햇살 비치는 곳에 먹으로 표시를 해 두고는, 그 다음에 맷돌을 돌리고 보면 먹 자국은 햇살 비치는 곳에 그대로 남아 있을 것인가. 그렇지 않고서 서로 떨어져 사이가 멀어져 갈 것인가. 맷돌짝이 한 바퀴를 돌아 다시 그 자리에 돌아오면, 햇살 비치는 자리와 먹 자국은 잠시 포개졌다가는 또 다시 떨어지게 될 것이니, 지구가 한 바퀴 돌아 하루가 되는 것도 이런 이치일 것이다."[175]

---

173) 『湛軒書』 內集 卷4, 「醫山問答」, "萬物之成形, 有圓而無方, 況於地乎."
174) 『燕巖集』 卷12, 「熱河日記・太學留館錄」, "地膚所傳種種萬物, 形皆團圓無一方者. ……何獨於地, 議其方乎. 若謂地方, 彼月蝕時, 闇虛邊影, 胡成弧乎."
175) 上同. "地之本體, 團團掛空, 無有四方, 無有頂底, 亦於其所旋如楔子, 日初對處爲朝暾乎. 地毬益轉, 與初對處, 漸違漸遠, 爲中爲昃爲晝夜乎. 譬諸窓眼, 漏納陽光, 如小豆子, 窓下置磨, 對光射處, 以墨識之. 于是轉磨,

이러한 연암의 과학실증적 태도는 형이상학적 인성론과 맞닿아 이 윽고 다음과 같이 논파된다.

> "사람이 처한 것으로부터 보면, 곧 화하와 이적이 진실로 나뉨이 있 으나, 하늘이 명한 것으로부터 보면, 은(殷)의 후관(冔冠)이나 주(周) 의 면류관(冕旒冠)이 각각 때의 제도를 따른 것인데, 하필 청인(淸人) 의 홍모(紅帽)만 의심하겠는가."176)
> "어찌 유독 중국에만 임금이 있고, 또한 이적에게는 임금이 없다 하 겠는가. 천지는 넓고 커서 한 사람이 독주(獨主)할 것이 아니요, 우주 는 광대하여 한 사람이 오로지할 수 있는 것이 아니다. 천하는 이내 천 하 사람의 천하요, 한 사람의 천하가 아니다."177)

연암에게 있어서도 이것은 역시 보편동일시적 가치균등화로 집약되 어 존화양이적 세계관의 극복 논리로 이어진다. 특히 여기서 그의 북 학적 실학사상이 단순한 개혁론이 아니라 세계 인식을 통한 사유 의 식의 변화에 따른 개혁론이었다는 점178)을 미루어 헤아릴 수 있다.

墨守其陽不遷徙乎, 抑相迤迂不相顧乎, 及磨一周復當其處, 陽墨纔會, 瞥 然復別, 地毯一周而爲一日, 亦若是乎."

176) 『燕巖集』卷12, 「熱河日記・關內程史・虎叱後識」, "自人所處而視之, 則華 夏夷狄, 誠有分焉, 自天所命而視之, 則殷冔周冕各從時制, 何必獨疑於淸 人之紅帽哉."

177) 『燕巖集』卷14, 「熱河日記・口外異聞・羅約國書」, "豈特中華之有主, 而 抑亦夷狄之無君乎. 乾坤浩蕩, 非一人之獨主, 宇宙曠大, 非一人之能專. 天下乃天下人之天下, 非一人之天下也."

178) 金仁圭, 「燕巖 朴趾源의 自然觀과 歷史意識」, 『東洋古典研究』第13輯, 東洋古典學會, 1994. 10. 621쪽.

다섯째 마당

북학파의 주체의식과 북학의 현실구현론

1. 근대 지향적 민족주체의식의 각성

앞에서의 논점은 북학파 실학자 중 가장 대표적이면서도 비교적 철학성이 강한 두 인물, 담헌 홍대용과 연암 박지원의 철학사상을 중세의 화이적 세계관으로부터 북학파의 사상적 해방이라는 차원에서 주로 고찰해 보았다.

주지하다시피, 조선 후기 한반도 조선인의 민족주체성의 확인은 주자주의(朱子主義)적 명분론에 기초된 것이었다. 당시 조선인에게는 중화 문화의 중추적 원류였던 한족의 정통 국가인 명이 호이에 의해 영원히 중원의 역사 무대에서 사라지고 말았다는 관념이 자리잡게 되었다. 이러한 단정에 따라서 급기야 중화 문화의 유일한 담지자와 계승자는 이제 조선이라는 극도의 문화자존의식이 고양되어 조선중화주의라는 미증유의 민족주체의식으로 그 극점을 이루었던 것이다.

그러나 이러한 조선 후기 도학파(道學派)적 민족주체성의 각성은, 일정 부분 비합리적·비과학적인 인식의 오류와 중세 이데올로기적 사대성(事大性)에 기초한다는 점에서, 그 주체성이라는 본래적 의미로부터 이것이 한번 검토된다면 그 기반이 취약하다는 사실을 알 수 있다.

한편 북학파 실학자들은 위에서 기술한 명분주의자와는 다른 차원에서 조선의 주체를 설정하고 있다. 말하자면, 선각적인 민족 자생 철학과 외부 세계의 새로운 지식으로 인해 확대된 그들의 세계관은 무엇보다도 중국 중심의 전통적 화이관으로부터 해방을 획득케 했다. 이러한 해방사상은 근대적 민족주체성의 확립을 위한 우리 민족의 귀중한 문화유산으로 작용했던 것이다.

그들은 화이일이라는 각각의 대등한 주체를 인정하는 획기적인 인식 전환의 토대 위에서, 전통적 화이론에 입각해 국가 간의 관계를 등차적(等差的)으로 구획 짓는 기존의 대외 인식을 거부하고, 화이등가의 근대적 의미의 민족주체의식과 민족자아의식을 일깨워 나갔던 것이다. 그리하여, 중화로부터 구별되는 민족 고유성에 대한 자각이 보다 구체화되어, 민족의 정체성을 중화가 아닌 한민족(韓民族) 내부 그 자체에서 찾게 되었다.

사실 근대의 초기 개화사상이 북학사상에서 연원한다 함은 주지된 사실이다. 그중 북학파의 화이일론은 민족 자주와 근대 지향(志向)을 목표로 하는 개화사상(開化思想)이 북학사상에서 이어받은 사상의 핵이었다.[179] 박지원의 손자이면서 북학에서 개화에로의 결절자(結節者)로 주목받고 있는 박규수(朴珪壽, 1807~1876)가 김옥균(金玉均, 1851~1894)에게 지구의(地球儀)를 돌려 보이면서 했던 다음 말에서 확인할 수 있다.

> "오늘에 중국이 어디에 있는가. 저리 돌리면 미국이 중국이 되고 이리 돌리면 조선이 중국으로 되니 어떤 나라도 가운데로 오면 중국이 된다. 오늘날 어디에 중국이 있는가."[180]

또한 그는 말하기를,

> "문득 예의지방(禮義之邦)이라고 하는데, 나는 본래 이 말을 달갑게 여기지 않는다. 천하 고금에 어찌 국가로서 예의 없는 것이 있겠는가. 이는 중국인이 이적 중에 가상(嘉賞)할 만한 자가 있으면 이를 가상히 여겨 예의지방이라고 한 것에 불과하다. 이는 본래 수치스러운 말이며 스스로 천하에 호언(豪言)할 만한 말이 못되는 것이다.[181]

박규수의 지구의와 여기에 담겨져 있는 과학적 근거(地圓說·地轉說)상에 구축된 화이론적 국제질서관의 부정은 조부 연암과 어떤 방식으로든 관련이 있다고 판단된다. 그리고 이것은 바로 근대 개화사상의 성립 배경이 된다고 할 것이다. 이처럼 북학파의 근대민족주의

---

179) 李完宰, 『初期開化思想研究』, 民族文化社, 1989, 32쪽.
180) 申采浩, 「地動說의 效力」, 『申采浩全集(改訂版)』 下, 隨想, 384~385쪽. (李完宰, 『初期開化思想研究』, 民族文化社, 1989, 32쪽, 〈註32〉 再引用.)
181) 『瓛齋集』 卷8, 書牘 「與溫卿書」, "輒稱禮義之方, 此說吾本陋. 天下萬古, 安有爲國而無禮義者哉. 是不過中國人, 嘉其夷狄中, 乃有此而嘉賞之曰, 禮義之邦也. 此本可羞可恥之語也, 不足自豪於天下也."

사상 차원에서 자아의식의 각성은 근대화 개념[182] 중 근대정치사상의 핵[183]을 이룬다. 그리고 이것은 한국근대사상 형성의 내적 요인으로서 실학과 개화사상 간에 존재하는 사상적 맥락으로 설명되고 있다. 어쨌든 여기서도 북학자들이 중화적 세계 질서를 타파하고 민족적 자아의식의 각성을 촉구하여 주체적이고 자주적인 역사관과 대외국관을 정립(正立)할 수 있는 가능 근거를 제공했다는 점에 주목할 필요가 있다. 왜냐하면, 종전의 화이론적 관념이 유지되는 한은 중화와 이적은 확연히 구분될 뿐더러 이적의 중화에 대한 종속성이 강조되어 진정한 의미의 민족적 자아는 출현될 수 없기 때문이다.

---

182) 趙珖은 근대화란 개념을 다음과 같이 서술하고 있다. "정치적 측면에서는 主權在民의 원칙에 입각한 민주화를 뜻하는 것이며, 경제적 측면에서는 資本主義 經濟體制의 형성 내지는 산업화를 뜻하는 것이다. 그리고 사회적 측면에서는 평등화의 개념과 일치되며, 사상적 측면에서는 合理化의 개념을 전제로 하고 있다."(趙珖, 「韓國近代文化의 實學的 基礎」, 『韓國史學』, 1, 精文硏, 1980, 16쪽.)
한편 근대화란 "한 사회가 개혁해야만 하고, 또 변혁될 수 있다는 신념과 변혁이라는 것이 바람직하다는 관념에서 나온 말"이라는 개혁 사상적 측면에서의 이해도 있다. (진덕규, 『近代化와 社會變動』, C. E. 블래크 지음, 삼영사, 1983, 22쪽./李完宰, 『初期開化思想硏究』, 民族文化社, 1989, 30쪽, 〈註23〉再引用.)

183) "근대정치사상의 핵으로는 민주주의와 민족주의에 관한 개념을 들 수 있다. 민주주의는 民權意識과 깊은 관계를 맺고 있는 것이다. 그리고 민족주의는 민족적 自我에 대한 각성의 결과 국제 사회에 있어서 국가 간의 대등한 관계를 指向하는 사상이며, 민족 내부에 있어서는 평등한 관계에 기반을 둔 상호 연대감을 확장시켜 나가려는 경향을 말한다."(趙珖, 「韓國近代文化의 實學的 基礎」, 『韓國史學』, 1, 精文硏, 1980, 18~19쪽.)……
"근대 서구 사회에서 18세기 이후에 일어난 민족주의(nationalism)는 두 가지의 요소를 가지고 있다. 즉 첫째로는 통치 권력을 제한하고 市民의 권리를 확보하려던 주로 정치적인 운동으로서 불란서 인권 선언에 규정된 개인의 자유와 민권을 획득하려던 노력으로 파악된다. 두 번째로는 自我意識의 각성과 국가 내부의 평등에 대한 관념의 연장으로, 국제 질서에 있어서도 他國과 대등한 위치에 서거나 혹은 더 우월한 지위를 차지하고자 하는 노력으로 나타나고 있다."(上同, 34쪽.)

1) 홍대용의 자주적 역사·대외 인식

이미 살펴보았듯이 담헌의 물시와 천시라는 상대적·객관적 관점은 균시인(均是人)-화이일이라는 인간론에 있어서의 보편동일시적 화이등가화 명제로 집약되어 나타난다. 이것은 주자가 만물을 다섯 종류로 나누어 이적을 그 제2종, 즉 제1종인 인(人)과 금수의 중간에 위치한 것으로 규정하여 이적을 비인(非人)이라 했던 논리[184]를 분쇄하는 기폭점이 된다. 다시 말해, 주자가 이적을 '인'류에서 제거한 바와 같은 화이의 구분을 부정하고 화이를 제각기 독자적 존재로 봄으로써, 종족, 습속이나 거지(居地)의 구분이 이제 '인'이 되는 데에 문제될 수 없었던 것이다.[185]

또 한편, 종래 하늘은 둥글고 땅은 모나다(天圓地方)·하늘은 돌고 땅은 정지해 있다(天動地靜)의 우주관에 근거해서 성수(星宿)의 이론을 교묘히 조작하여, 중국 중심의 천하관을 만들어 내고 중세적 사회 질서를 합리화시켜 왔던 이 전통적 우주관·세계관은, 모든 개인의 자유로운 삶에 질곡으로 작용하고 각 민족 국가의 주체적 발전을 제약하는 논리로 되었다.[186]

그러나 이것은 북학사상 형성의 외발적 요인-과학실증적 자연우주관이 귀결시킨, 즉 지원설·지전설·우주무한설에 의한 지리적·공간적 개념으로 기인된 상대적 자기중심성 획득, 그리고 이를 통한 보편동일시적 차원의 다 같은 정계(均是正界)[187]라는 명제하에서, 급기야 전

---

184) 後藤俊瑞, 『朱子』(1943, 東京) 225~226쪽. (閔斗基, 「熱河日記의 一研究」, 『歷史學報』 第20輯, 86쪽, 〈註15〉再引用.)

185) 閔斗基, 「熱河日記의 一研究」, 『歷史學報』 第20輯, 1963, 87쪽.

186) 林熒澤, 「燕巖의 主體意識과 世界認識-『熱河日記』分析의 視角-」, 『第3回 東洋學國際學術會議論文集』, 成大, 1986, 8쪽.

187) 『湛軒書』 內集 卷4, 「毉山問答」, "今中國舟車之通, 北有鄂羅, 南有眞臘,

통적인 중국 중심의 세계관인 화이지분·내외지분의 춘추대의 명분론은
더 이상 그 설 자리를 잃고 말았던 것이다. 이제 담헌의 말을 보자.

> "육조(吳·東晉·宋·齊·梁·陳)는 강 왼쪽에 부속되었고 오호(匈
> 奴·羯·鮮卑·底·羌)는 완읍(宛邑)과 낙양(洛陽)을 미리 쳐부수고,
> 척발(拓跋: 北魏의 시조)은 북조에서 위를 바로 하고, 서량(西凉: 北凉
> 의 敦皇太守 이호가 酒泉에 도읍하고 참칭한 나라)은 당나라에 통합되
> 었다. 요와 금은 서로 주인 노릇을 하다가 송막(松漠)에서 합쳐졌고 주
> 씨(明의 황실)가 왕통을 호에게 잃으니, 남풍이 떨치지 못하고 호의 운
> 세가 날로 커가는 것은 인사의 감응이기도 하지만 천시의 필연이다."[188]

이것 역시 담헌의 다 같은 사람(均是人)과 다 같은 정계(均是正
界)라는 논리의 연속이라 하겠다. 역사에 대한 담헌의 이러한 해석
태도는 당시 절대적 권위에 있던 주자주의 철학 이념이 갖는 교조주
의적 역사관, 즉 호가 중원을 강점하고 있는 것은 역사의 역행이라는
한족 주도의 선민적 역사의식을 향한 전면적인 도전이 아닐 수 없다.
여기서 표출된 그의 역사 이해는 춘추대의인 내외지분·화이지분에
대한 또 다른 측면에서의 중요한 비판 근거라 하겠다. 남풍(漢民族)
이 나날이 더 강대해지는 호운(胡運)에 압도되어 가는 양상을 역사의

鄂羅之天頂, 北距北極爲二十度, 眞臘之天頂, 南距南極爲六十度, 兩頂相
距爲九十度, 兩地相距爲二萬二千五百里. 是以鄂羅之人, 以鄂羅爲正界,
以眞臘爲橫界. 眞臘之人, 以眞臘爲正界, 以鄂羅爲橫界. 且中國之於西
洋, 經度之差, 至于一百八十. 中國之人, 以中國爲正界, 以西洋爲倒界.
西洋之人, 以西洋爲正界, 以中國爲倒界, 其實戴天履地, 隨界皆然. 無橫
無倒, 均是正界."

188) 『湛軒書』 內集 卷4, 「毉山問答」. "六朝附庸於江左, 五胡跳盪於宛洛, 拓跋
正位於北朝, 西凉一統於唐祚. 遼金迭主合於松漠, 朱氏失統天下薙髮, 夫
南風之不競, 胡運之日長, 乃人事之感, 召天時之必然也."

필연이라고 보는 점은[189] 확고한 그만의 과학적 사색이 성취해낸 역사 해석의 근대적 성과라 할 것이다.

이러한 담헌의 선구적 역사 이해는 또 일변 균시정계라는 과학적 토대 위에서, "우리 동방이 오랑캐(夷)가 된 것은 지계(地界)가 그러한 때문이니, 무엇을 꺼려할 것이 있겠는가? 본디 이적으로서 이적에 행한다 하더라도 성인이 될 수 있고 현인이 될 수 있는데, 진실로 큰 일이란 나에게 있는 것이니 무엇을 의심하겠는가."[190]라는 논변으로 발전한다. 이 말이 의도하는 바는 우리 조선이 오랑캐가 됨은 과학적 시각으로 본다면 가치 상대적일 수밖에 없는 지리적 개념의 지계 때문일 뿐이며 문화적 본질에서 오는 것이 아니라는 의미이다.

그러므로 단지 지계로 인해 이적이 된 조선이므로 부끄러워하여 거부감을 가질 필요가 없다. 더욱이 담헌은 우리에게도 우리만의 독자적인 문화·역사가 존재하는 것이니, 우리 자신의 문화 속에서도 세계 인류의 평화와 공영에 기여할 보편의 진리와 성현도 출현 가능함을 피력하여 자신감을 보여주고 있다. 다시 말해서, 우리 스스로가 우리 나름의 문화적 독자성을 인정해야 한다는 것으로 이것은 주체 의식의 발로가 아닐 수 없다.

이러한 일련의 민족자아의식의 각성은 그의 독특한 역외춘추론(域外春秋論)에서 그 절정을 이룬다. 이는 자국 중심의 주체성[191]을 확

---

189) 小川 晴久, 「慕華와 自尊 사이-18世紀 朝鮮 知識人 洪大容의 中國觀-」, 『月刊朝鮮』 NO.7·8, 1981, 222쪽.
190) 『湛軒書』 內集 卷3, 「又答直齋書」. "我東之爲夷, 地界然矣, 亦何必諱哉. 素夷狄, 行乎夷狄, 爲聖爲賢, 固大有事在吾, 何慊乎."
191) 李相益은 주체성의 양면을 正體性과 自主性이라 하여 다음과 같이 註하고 있다. "民族主體性을 영어로는 보통 National Identity라고 한다. Identity는 正體性과 主體性이라는 두 의미를 모두 지니고 있다. 그러나 우리말에서 正體性과 主體性은 약간 의미를 달리한다. 즉 正體性은 他者

립하는 자주적 역사관의 성립을 의미하는 것이다.

　　"사이(四夷)가 중국을 침입하면 구(寇)라 하고, 중국이 사이를 번거
롭게 치면 적(賊)이라 하나 서로 구하고 적하는 뜻은 한가지이다……공
자는 주(周)나라의 사람이다. 왕실이 날로 낮아지고 제후들이 쇠약해지
자 오(吳)나라와 초(楚)나라가 중국을 어지럽혀 도둑질하고 해치기를
싫어하지 않았다. 『춘추』(春秋)란 주나라 사서(史書)이다. 안과 밖을
엄격히 한 것은 또한 마땅하지 않겠는가? 비록 그렇지만, 가령 공자로
하여금 바다에 떠서 구이(九夷)에 들어와 살게 하면서 중국 법을 써서 구
이의 풍속을 변화시키고 주나라의 도를 역외(域外)에 일으키게 하였다면,
안과 밖이라는 구별과 높이고 물리치는 의리에 있어 스스로 마땅히 역외
춘추(域外春秋)가 있었을 것이다. 이것이 공자가 성인된 까닭이다."[192]

　　기존의 화이론적 역사관에서는 중국이 이적을 침략한 것을 정벌(征
伐)이라 하여 도덕적으로 정당화시키는 경향이 있었다.[193] 그러나 담
헌은 다 같은 국가(均是邦國)라는 차원에서 보면, 침략인 바에는 중국
이든 이적이든 모두 매일반이라는 등가적 인식을 하고 있다. 또 한편으
로 "물(物)·아(我)가 나타남에 따라 안(內)과 밖(外)의 나뉨(分)이

　　　와의 구별이라는 점에 초점이 있고, 主體性은 他者의 간섭을 받음이 없이
　　　자주적으로 자신의 의사를 결정하고 권익을 추구한다는 것에 초점이 있다.
　　　그러나 주체성은 正體性을 전제로 해야만 성립할 수 있는 것이다. (「韓末
　　　에 있어서 民族的 主體性과 世界的 普遍性의 問題」, 『韓國哲學論集』 第
　　　6輯, 韓國哲學史硏究會, 1997, 69~70쪽.)
192)　『湛軒書』 內集 卷4, 「毉山問答」, "四夷侵疆中國, 謂之寇, 中國瀆武四夷,
　　　謂之賊, 相寇相賊, 其義一也. ……孔子周人也. 王室日卑, 諸侯衰弱, 吳
　　　楚滑夏, 寇賊無厭. 春秋者, 周書也. 內外之嚴, 不亦宜乎. 雖然使孔子浮
　　　于海, 居九夷, 用夏變夷, 興周道於域外, 則內外之分, 尊攘之義, 自當有
　　　域外春秋. 此孔子之所以爲聖人也."
193)　金仁圭, 『北學思想硏究-學問的 基盤과 近代的 性格을 中心으로-』, 成
　　　大 大學院 博士學位論文, 1998, 91쪽.

있게 되었다."[194] 라고 말한 것을 보면, 담헌이 주체(我)와 객체(物)를 내·외로 파악하는 식의 자아와 객체를 터득했다는 사실을 알 수 있다.

후자의 말을 전자와 결부시켜 좀더 의미를 확대해 보면, 지금까지 번방(藩邦)으로만 인식되었던 조선에서도 공자의 도와 같은 이상적인 이념과 문화가 창달될 수만 있다면, 주를 주체로 하여 쓰인 중국적 시각의 『춘추』와 동일한 가치의 역사서가 조선에서도 출현할 수 있다는 것이다. 이것은 조선이 중국과 별개로 자국 중심의 사관을 건립해야 된다는 어떤 의미에서 조선춘추론이라 할 수 있다. 결국, 이 역외춘추론의 제시는 담헌이 중국 중심의 화이론적 천하관을 탈피하고 중심의 상대적 성격을 파악했음은 물론, 나아가 민족의 자기중심성을 각성했다[195]는 의미이다.

주체는 실천 활동과 인식 활동의 담당자이며, 객체는 주체의 실천 활동과 인식 활동이 지향하는 대상이다.[196] 그런즉, 조선이 주체(內)인 이상, 객체(外)인 중국이나 타국은 모두 우리의 실천과 인식이 탐색·지향해 가는 대상일 뿐이다. 그러므로 여태껏 정치·문화 등 전반에 걸쳐 세계 중심으로 자처하고 군림해 온 중국도, 담헌의 사고 속에서는 우리 민족의 정치·문화의 발전을 위해 자국의 주체성을 가지고 교섭해 나가야 할 실천과 인식 활동의 대상에 지나지 않았다.

요컨대, 담헌은 민족적 자아의식의 각성을 통하여 국가 내부의 평등은 물론, 중국 중심의 화이사상을 아우르고 민족주의적 입장에서

---

194) 『湛軒書』 內集 卷4, 「毉山問答」. "夫天地之變, 而人物繁, 人物繁, 而物我形, 物我形, 而內外分."

195) 琴章泰, 「明淸思想의 受容과 朝鮮後期 實學의 樣相」, 『宗敎學硏究』 第13輯, 서울대, 1994, 4쪽.

196) 『中國大百科全書〈哲學〉』 下, 中國大百科全書出版社 北京·上海, 1987, 10, 1240쪽. "主體是實踐活動和認識活動的承擔者, 客體是主體實踐活動和認識活動指向的對象."

자주적이며 만국 병존적인 세계관에 개안되어 가고 있었다. 이로 볼 때 그에게서 자주적인 국가 의식, 개방적인 문화 활동이라는 근대화로의 사상적 맹아라 할 수 있는 세계관의 전회(轉回)가 있었음[197]을 확인할 수가 있다.

2) 박지원의 주체적 영토관과 문학관

한편, 연암을 살펴보기로 하자. 그의 주체적 각성은 "한 선비가 독서를 하면 혜택이 사해에 미치고 공업이 만세에 드리워진다. 곧 천하 문명은 글 읽는 선비의 참여로 실현된다."[198]라는 그의 말이 대변하듯이 사의식(士意識)[199]에서 구체화되고 있다. 이 사의식이란 또한 학문과 학자적 양심에 있어서 이 세상의 어떠한 권위에의 굴복과 부귀공명에의 타협이 있을 수 없음을 함께 내포한다고 하겠다. 이렇게 볼 때, 연암은 오로지 절대적 진리에 대한 탐구와 수호라는 시대 지성으로 홀로 자임하고 나선 것이다. 이 선비 정신과도 같은 그의 학문 정신은 지전설 등 과학적 세계관에서 매진되어, 급기야 중국 중심의 질서로 짜여진 동아시아

---

197) 李元淳, 「韓國近代文化의 西歐的 基礎」, 『韓國史學』 1, 精文硏, 1980, 51쪽.
198) 『燕巖集』 卷10, 「原士」, "夫士, 下列農工, 上友王公. 以位則無等也, 以德則雅士也. 一士讀書, 澤及四海, 功垂萬世. 亦曰, 見龍在田, 天下文明. 其謂讀書之士乎!"
199) 林熒澤은 "陸象山이 우주 간의 일은 곧 나 자신의 일이요, 나 자신의 일은, 곧 우주 간의 일이다(宇宙間事 是己分內事, 己分內事 是宇宙間事)라고 말했듯, 연암 역시 나를 천하의 주체로 설정했다. 연암의 경우 나를 천하의 주체로 통일시키는 길은 필수적으로 독서를 통해야 한다. 「玉匣夜話」의 주인공 許生은 바로 이러한 주체적 인간-士의 한 형상-이다. 許生의 형상에서 또한 연암을 발견할 수 있다."라 말하고 있어 주목된다. (林熒澤, 「燕巖의 主體意識과 世界 認識-『熱河日記』分析의 視角-」, 『第3回 東洋學國際學術會議論文集』, 成大, 1986, 5쪽.)

현체제를 부정하고, 자민족에 대한 자아의식의 각성, 즉 민족의 주체적 각성으로 승화·분출되기에 이른다. 연암의 이러한 민족적 자아의식은 이에 파생된 영토 의식[200]에서 선명히 나타나고 있다.

> "혹은 압록강을 패수(浿水)라 하고, 혹은 청천강을 패수라 하며, 혹은 대동강을 패수라 한다. 이리하여 조선의 강토는 싸우지 않고 저절로 줄어들었다."[201]

그는 연행(燕行) 시, 봉황성(鳳凰城)을 지날 무렵 역사상의 평양 패수 및 한사부(漢四郡) 등의 위치 문제 - 봉황성이 안시성(安市城)의 유허(遺墟)라는 설과 관련해서 거론된 것임 - 를 두고 개탄하고 있는데, 그 위치들을 압록강 안쪽으로 잘못 잡고 있기 때문에 싸우지도 않고 저절로 줄어들었다[202]는 것이다. 이처럼 연암과 같은 실학자들의 영토 의식은 개화기에 이르러 더욱 심화된다. 실례로, 개화기에 이르러 간도문제(間島問題)가 발생하게 되자 개화사상가들은 실학자들의 저서를 검토하여 그들이 가지고 있었던 국토에 관한 지식과 영토 의식을 이어받고 있다.[203] 이 점은 사상사적 차원에서도 주목할

---

200) "영토 의식은 자기 민족에 대한 자각이 이루어진 결과로 발생한 것이며, 영토는 민족의 중요한 상징이 되고 있다. 영토는 자국과 타국을 구분하는 과정에서 등장한 것이다. 그리고 특히 자국의 변경 지역이나 타국에 의해 占奪된 失地에 대한 관심에서 영토 의식은 고양되기 마련이다. 이러한 의미의 영토 의식은 근대민족주의의 一端인 것이며, 특히 失地를 되찾고자 하는 失地回復主義(irredentism)는 민족주의의 가장 예민한 측면을 나타내는 것이다."(趙珖, 「韓國近代文化의 實學的 基礎」, 『韓國史學』 1, 精文研, 1980, 38쪽.)

201) 『燕巖集』 卷11, 「熱河日記·渡江錄」, "或指鴨綠江爲浿水, 或指淸川江爲浿水, 或指大洞江爲浿水, 是朝鮮舊疆, 不戰自蹙矣."

202) 林熒澤, 「燕巖의 主體意識과 世界 認識 - 『熱河日記』分析의 視角 - 」, 『第3回 東洋學國際學術會議論文集』, 成大, 1986, 8쪽.

만하다.

그리고 연암의 주체 정신은 그의 천부적인 문학가적 기질에서도 드러난다.

"옛것을 본받는 사람들은 그 옛것에 구니(拘泥)되어 벗어나지 못하는 것이 병통이고, 새것을 창안해 내는 사람들은 불경(不經)한 것이 그 병통이다. 참으로 옛것을 본받으면서도 변통할 줄을 알고 새것을 창안해 내면서도 전거에 능하다면, 이 시대의 글이 옛 시대의 글과 마찬가지일 것이다."204)

이 논변은 새로운 문장의 창조를 위해 제시된 연암의 문장관이라 하겠지만, 여기서의 법고창신(法古創新)의 정신은 그의 실학사상에 있어서 가장 독창적인 특색 중의 하나이다. 즉 민족문화의 발전을 위해서는 계승과 창조의 상호 결합 원칙을 관철시켜야 한다205)는 그의 문장론과 연결된 중의적 표현이라 하겠다. 이런 점에서 당시 그가 주창한 북학 운동이 조선 문화의 부정을 전제로 북학하자는 것이 아님을 미루어 판단할 수 있다. 이것 역시 민족문화주체론과 같은 맥락이며, 다음 논변에서 더욱 강화되어 나타난다.

"지금 무관(懋官 : 李德懋의 字)은 조선 사람이다. 산천과 풍토로는

---

203) 趙珖, 「韓國近代文化의 實學的 基礎」, 『韓國史學』 1, 精文硏, 1980, 40쪽. 이 문제와 관련지어 趙珖은, "張志淵은 丁若鏞의 「我邦彊域考」를 增補하여 「大韓彊域考」를 간행하면서 失地의 회복을 강력히 주장하고 나섰고, 申景濬의 이 문제에 관한 연구는 『增補文獻備考』에 채택되어 수록되었다."고 부연하고 있다.

204) 『燕巖集』 卷1, 「楚亭集 序」. "法古者病泥跡, 創新者患不經. 苟能法古而知變, 創新而能典, 今之文猶古之文也."

205) 朱七星, 『實學派의 哲學思想』, 예문서원, 1996, 43쪽.

지리가 중화와 다르고, 요속(謠俗)으로는 시대가 한·당이 아니다. 만약 중화의 수법을 본받고 한·당의 문체를 도습(蹈襲)한다면 우리는 한갓 수법이 고상하면 할수록 의취는 기실 비루하게 되고, 문체가 한·당과 근사하면 할수록 표현은 더욱 거짓이 되는 현상만을 볼 뿐이다. 우리나라가 비록 구석져 있기는 하나 나라가 그래도 천승(千乘)의 제후국이고, 신라·고려가 비록 소박하기는 하나 민간에는 좋은 풍속이 많았다. 그런 만큼 그 말을 문자로 옮겨 놓고 그 민요를 운율에 맞추기만 하면 자연스럽게 문장이 이루어져 진실이 발현될 것이다. 이런 것의 도습을 일삼지 않고 남의 것을 빌려 오지 않고서도 현재 있는 그대로를 가지고 온갖 것들을 그때그때 표현해 낼 수 있는 것이다. 그런데 오직 이 무관의 시가 바로 그렇다."206)

연암의 문학은 양반 사회의 허위와 위선을 날카롭게 비판함은 물론, 목민(牧民)으로서의 소임을 저버리고 백성을 핍박해 착취하는 지배층의 기생적이고도 야수적인 만행을 풍자적으로 폭로했다는 데 그 특징이 있다. 그리고 비생산적 논쟁만을 일삼던 성리학의 예교주의와 명분론을 정면에서 공격했다. 특히나, 위의 인용문에서도 드러나다시피 중국 문체를 무미건조하게 그대로 앵무새처럼 모방하는 조선유학자들의 풍조를 질타했다. 그는 비록 한글이 아닌 한문으로 글을 지었지만 중화주의에 매몰되지 않고 민족주체성을 견지했다. 조선의 하층민들이 사용하는 우리말의 고유한 표현과 감정을 살려 한문으로 옮김으로써, 조선 민족의 목소리를 그대로 들리게 했던 창작법이 그 예이

---

206) 『燕巖集』 卷7, 「嬰處稿 序」. "今懋官, 朝鮮人也. 山川風氣地異中華, 言語謠俗世非漢唐. 若乃效法於中華, 襲體於漢唐, 則吾徒見其法益高而意實卑, 體益似而言益僞耳. 左海雖僻, 國亦千乘, 羅麗雖儉, 民多美俗, 則宇其方言, 韻其民謠, 自然成章, 眞機發現. 不事沿襲, 無相假貸, 從容現在, 卽事森羅, 惟此詩爲然."

다. 아울러, "만약 성인이 중국에서 또 나와서 각국의 풍속과 성정을 관찰하려고 한다면 이 영처고(嬰處稿)를 보아야 만이 삼한(三韓)에서 나는 조수초목의 이름도 많이 알게 될 것이요, 맥남제부(貊南濟婦)의 성정도 알게 될 것이다. 무관의 시는 바로 조선의 국풍(國風)이라 해도 좋으리라."207)라는 말에서 그의 주체적 문학관의 극점을 볼 수 있다.

2. 북학의 현실구현론

각고로 이루어낸 북학자에 있어 중세국제이데올로기—화이론의 해체 논리는 현실구현의 차원에서는 사실 그들이 건립한 사상의 원형대로 현실에 투영·전개되지 못하였다. 이 말은 요지부동한 당시 사상계의 기득권에 의해서, 또는 그 시대의 특수적·역사적 상황에 의해서 그들의 새로운 사상은 단지 정신적인 내면세계에 국한되고 말았다는 의미이다. 이처럼 북학파의 화이론 극복 체계는 현실 세계에 사상의 원형 표출이라는 측면에서 보면 사실상 내면적·정신적 수준에 그치는 면이 많았다.

그러나 이것은 당시 북벌에 대극되는 청·서의 선진 문물을 받아들이자는 북학의 실천 면에서는 그 중요한 철학적 기반이 되었다. 다시 말해서, 북학파의 화이명분론 극복은 그들의 북학이라는 역사적 이상이 현실에 구현되도록 하는 하나의 철학적 촉진제가 되었던 것이다.

---

207) 上同, "若使聖人者作於諸夏, 而觀風於列國也, 攷諸嬰處之稿, 而三韓之鳥獸草木, 多識其名矣, 貊男濟婦之性情, 可以觀矣. 雖謂朝鮮之風, 可也."

여기서는 문정분리론(文政分離論)과 학화양이론(學華攘夷論)으로 각각 나누어 살펴보고자 한다.

1) 문정분리론

　정신·내면에서 일차적으로 성취된 그들의 해방사상은 당시 조선 내에 팽배해 있던 북벌대의론 등 화이명분주의의 장벽으로 인해 현실 구현 차원에서 일단 차단됨으로써 이것은 재차 수정·처중(處中)되어 현실에 대한 실천론적 변이를 일으키게 된다. 다시 말해서, 북학자의 의식 내에서 북학을 위한 화이명분론에의 북학적 응변(應變)이 현실 인식 차원에서 절감되었다.

　이것은 문화와 정치·왕조를 분리해 파악하려는 태도로 집약된다. 이미 언급했다시피 당시 조선의 사회 풍조는 상호 표리적 관계에 있는 대청복수론과 대명의리론이 압도하고 있었다. 이는 각각 북벌론과 존주론으로 그 이론적 틀을 형성했고 '화이사상'이 그 보편화된 것임은 두 말할 필요도 없다. 더욱이 조선인의 의식 속에는 한족의 정통 국가인 명이 호이에게 멸절된 이상, 주실의 위상은 명에서 조선으로 이식되었다는 조선중화주의가 자리잡게 되었다.

　이러한 시대 상황하에서 북학론의 입지(立地)는 당시 명분주의자들의 입장에서 볼 때는 분명 오랑캐인 청에게서 배운다는 학이론(學夷論)임에 틀림없었다. 때문에, 북학사상은 조선 후기 존화양이의 분위기와 그 정치 풍토 속에서는 도저히 용인될 수가 없었던 것이다. 이 사실은 그 누구보다도 북학자들이 더 설실히 통감했을 것이다.[208]

---

208) 이와 관련하여 尹絲淳의 말에 주목할 필요가 있다. 요약하자면, 박제가가 말하는 북학은 『孟子』의 기사에서 취한 바대로라면 주공과 공자의 사상인

그러기에 그들은 정신 내면의 해방적 사고에 근거한 새로운 방법론을 모색하지 않을 수 없었다. 이것이 다름 아닌 문화와 그 문화·종족을 정치적으로 지배하고 있는 왕조를 각각 따로 분리시켜 보려는 방식, 곧 선진 문물 수용을 전제로 한 문정분리론인 것이다.

이것은 조선중화주의가 담고 있는 역사적·사상적 배경이 바로 중원 대륙에 실제로 존재하였다가 사라져버린 중화를 모태로 하고 있음에 착목한 논리였다. 말하자면, 비록 현재는 국가적 또는 정치적 형태로는 이미 중원 대륙에서 사라져버린 중화이지만, 그 문화적 측면에서 본다면 여전히 문화적 중화는 청 속에서 역동적으로 살아 숨쉬며 자약자재(自若自在)한다는 것이다. 또한 중화국의 유혼(遺魂)이 이러한 자약자재한 중화 문물을 통하여 청의 이속(夷俗)을 그 중화문명권으로 끊임없이 잠식시키고 있다고 했다.

이렇듯이 북학자들은 이국(夷國) 속에서도 의연히 건재하고 있는 중화 문물을 부각시킴으로써, 조선이 멸절되어 버린 중원중화의 당당한 계승자라는 신념으로 지구상에서는 이제 다시는 찾아볼 수 없는 중화를 조선중화라는 구호로 재생시키고자 한, 당시 명분론자들과 그 근본 뜻이 같다는 것을 은연중에 드러내 보이고자 하였다. 그리하여

원초 유학 사상이다. 그러나 당시 청나라인 중국은 중국인들이 오랑캐라고 멸시한 족속의 나라임은 물론이고 청의 문물 또한 주공과 공자의 원초 유학이 아니라. 중국 전래의 농·공·상에 관한 기술과 심지어 서구의 천주교 신부들에게서 새롭게 익힌 기술·기기였다는 점에 박제가의 고민이 있었다. 때문에, 바로 중국을 배우되 실제로는 청의 문물이지만 '청으로 표현된 중국'이 아닌 '주공과 공자의 사상으로 호도된 중국'을 배우자는 주장을 폈던 것이다. 그의 북학의 표현에 잠복한 억지스러움의 연유는 당시 철벽과 같은 시대적 제약의 여건 − 당시 崇明反淸, 慕華蔑胡로 대표되는 지배층의 정신적 분위기 −을 과감히 그러나 외롭게 뚫는 진보적 작업의 곡절이었다. (尹絲淳, 『韓國의 性理學과 實學』, 삼인, 1998, 215~218쪽, 참조.)

북학의 주장이 이단시되어 배척당하는 우려에서 벗어나고자 했다. 아울러, 진정한 조선중화의 실현을 위해 단지 문화적인 차원에서 청 속에 내재된 중화 문물을 배우자는 논리로 자연스럽게 연결시켜 북학의 공신성(公信性)을 동시에 보장받으려고 했다.

지금까지의 설명을 정리해보면 북학자들에게서 이 문정분리의 논법은 호이라는 왕조 군림의 정치적 차원에서는 엄격히 배격하고, 문화적 차원에서 청이 담지하고 있는 중화 문물과 조선중화주의자들이 희구하던 중화 문물을 상호 매치(match)시키고자 한 것이다. 이를 통해서 당시 선진 외래 문물 수용의 절대적 걸림돌이었던 명분론적 화이사상과 큰 마찰이 없도록 하여, 청에 내재되어 있는 중화 문물뿐만 아니라 청 스스로가 역사 작용을 통해 이룩한 선진 문물까지도 함께 수용 가능케 하고자 기도했다. 이것은 상대적으로 낙후된 조선을 개혁해 치유코자 한 북학파의 애국정신의 발로였다.

이러한 맥락에서 우선 담헌으로부터 시작하여 연암, 초정의 논설을 살펴보기로 하겠다. 그럼으로써, 구래의 화이관에 대한 변용(變容) 속에서 그들이 진정으로 추구하고자 한 것이 무엇이었던가를 밝혀내고자 한다.

"나는 동이의 보잘 것 없는 사람이요. 재주도 배운 것도 없어 세상에 쓸모가 없소. 변방 구석에 떨어져 살아, 보고 들은 것이 별로 없소. 다만 읽은 것은 중국의 책들이고, 우러러 궁극의 목표로 하는 것은 중국의 성인이오. 그러므로 한번 중국에 찾아와, 중국 사람을 벗으로 삼아 중국의 일들을 얘기하고 싶었으나, 강역에 국한되어 스스로 통할 길이 없다가 다행히 숙부 봉사(奉使)의 행차로 인하여 멀리 집을 떠나 수 천리 길의 소임을 마다 않고 온 것은, 사실은 이런 숙원이 있기 때문이었소.[209]

이렇게 담헌은 그의 숙원을 연행 시 중국 벗에게 토로하고 있듯이, 단지 중국에 관련된 서적을 통해서 관념적으로만 형성되어 있었던 문치(文治)의 완성자인 성현, 그리고 그들이 가꾸어 놓은 중화의 문물과 그 유지(遺地), 이러한 모든 것들에 대해서 종신토록 우러러 목표로 삼고 살아가는 그에게 있어서는 한 번쯤 답사와 현장 경험을 통해서 실제로 체득해보고 싶은 마음 간절했을 것이다. 이러한 문화에 대한 모화적(慕華的) 태도는 그 당시 조선의 지식인이라면 누구에게서나 쉽게 찾아볼 수 있는 일반적인 모습이다. 어쩌면 담헌 북학사상의 출발점도 이와 같은 고유한 화하(華夏) 문화를 향한 소박한 경모였을 것이다. 이것은 다음 말에서 더욱 선명히 나타난다.

"세 사람(陸飛・嚴誠・潘庭筠)은 비록 머리를 깎고 오랑캐 옷을 입어 만주인과 더불어 분별할 수 없으나 이내 중화 고가(古家)의 후예들이다. 우리들이 비록 넓은 소매의 옷을 입고 큰 갓을 쓰고 자랑이나 되는 듯이 까불며 기뻐하지만 바닷가의 이인(夷人)이다. 그러니, 그 귀천의 차이가 어찌 척촌(尺寸)으로 헤아릴 수 있겠는가.210)

현재의 중원 대륙은 호이의 강권에 굴복되어 정치적으로 그들의 통치와 지배를 받고 있는 상황이다. 따라서 그의 한족 벗인 세 사람 즉 육비(陸飛)・엄성(嚴誠)・반정균(潘庭筠)이 단발호복(斷髮胡服)하여

---

209) 『湛軒書』 外集 卷2, 「杭傳尺牘・乾淨衕筆談」. "容東夷鄙人也. 不才無學爲世棄物. 僻處海隅見聞蒙陋. 只以所讀者, 中國之書, 所仰而終身者, 中國之聖人也. 是以願一致身中國, 友中國之人, 而論中國之事, 乃局於疆域, 無路自通, 幸因叔父奉使之行, 遠離庭闈, 不辭數千里之役者, 實是宿願之有在."

210) 『湛軒書』 外集 卷3, 「乾淨衕筆談」. "三人者, 雖斷髮胡服, 與滿洲無別, 乃中華古家之裔也. 吾輩, 雖闊袖大冠, 沾沾然自喜, 乃海上之夷人也. 其貴賤之相距也, 何可以足寸計哉."

만주인과 언뜻 분별할 수는 없다. 그러나 그들은 엄연히 문화적으로는 명 그대로의 중화의 내력 있는 후예인 것이다. 반면에 우리는 단지 우물 속 개구리 격으로 오로지 소중화의식에 사로잡혀 자대(自大)·자과(自誇)하고 있지만, 문화적으로 낙후성을 면치 못하는 한은 오히려 우리가 오랑캐라는 것이다.

또한 담헌은 연암의 회고 속에서,

> "난들 왜 오늘날의 중국이 옛날의 그 중국이 아니며, 또 그 사람들의 복식(服飾)도 옛 중국 정통의 복식이 아님을 모르겠는가? 그러나 그 사람들이 살고 있는 곳이 요·순·우·탕·문왕·무왕·주공·공자가 밟던 바로 그 땅이 아니고 무엇이겠는가? 그 사람들이 사귀는 인사들이 제·노·연·조·오·초·민·촉 출신의 견문 넓고 멀리 노니는 그 인사들이 아니고 무엇이겠는가? 그리고 그 사람들이 읽고 있는 서적도 삼대 이래 사해 만국의 극히 해박한 그 서적들이 아니고 무엇이겠는가? 제도는 비록 변했다고 하더라도 도덕과 의리는 달라지지 않았다면, 이른바 옛날의 그 중국이 아닌 상황하에도 백성으로는 살지언정 신자(臣子)는 되지 않겠다는 사람들이 어찌 없겠는가? 그렇다면 저 세 인사가 나를 볼 적에도 화이에의 구별 의식과 이에 따른 남의 이목 및 신분 상 차등에의 거리낌이 어찌 없었겠는가?"211)

이인(夷人)의 통치 상황이므로 그 정치성 때문에 중화의 복식과 제도가 일정량 변질된 부분은 어쩔 수 없이 존재한다. 그렇다손 치더

---

211) 『燕巖集』 卷1, 「烟湘閣選本·會友錄 序」. "吾豈不知中國之非古之諸夏也, 其人之非先王之法服也. 雖然, 其人所處之地, 豈非堯舜禹湯文武周公孔子所履之土乎. 其人所交之士, 豈非齊魯燕趙吳楚閩蜀博見遠遊之士乎. 其人所讀之書, 豈非三代以來四海萬國極博之載籍乎. 制度雖變而道義不殊, 則所謂非古之諸夏者, 亦豈無爲之民而不爲之臣者乎. 然則彼三人者之視吾, 亦豈無華夷之別而形跡等威之嫌乎."

라도 그들이 살고 있는 곳·그들이 사귀는 인사·그들이 읽고 있는 서적 등은 삼대 및 공자 이래 중화의 고유한 전래 문화임은 부정할 수가 없다. 왕조의 군림과 그 왕조 치하의 문화를 각기 분리해서 보려는 태도를 담헌은 여기서 분명히 하고 있다.

그리고 그는 오늘날의 청은 중국에 거한 지가 오래되어 예의도 좀 있고 충효도 약간 모방했으려니와 살벌한 성품과 금수 같은 형태가 예전처럼 심하지 않다[212]고 말한다. 중원 국가를 이룩한 청을 무조건 이적시하려는 조선 지식인의 고착된 선입관에 맞서, 이제 청은 중화라는 문화 민족으로 동화되어 가고 있다는 변론을 애써 폈던 것이다. 이러한 절박한 논리를 전개하면서까지 담헌이 이용후생할 수 있는 청의 선진 문물을 수용하려 하였던 점 등을 헤아려 보면, 자신에 의해서 확립된 북학사상에 대한 그의 실천적 의지를 감지하고도 남음이 있다.

이러한 문정분리론은 연암과 초정에 와서도 그대로 나타난다. 위에서 보면 쉽게 알 수 있겠지만, 특히 연암은 담헌의 「회우록」(會友錄)에 대한 서를 지으면서 담헌의 논변을 회고하여 적고 있다. 이로 볼 때 북학을 위한 현실구현론에 있어서 담헌과 상호 사상적 교류가 있었음을 짐작할 수가 있다. 또 실제로도 그 맥이 맞닿아 있는데, 다음 말에서 확인해 보자.

"만약 학문을 하려고 한다면 중국을 버리고 어떻게 할 것인가? 그러나 그들은 '지금 중국을 통치하고 있는 자들은 이적이다'고 하여 배우기를 수치스럽게 여기고, 중국의 전래해 오는 문화까지 같이 몰아서 야만시하고 있다. 저들(滿洲族의 淸)이 야만의 족속임에는 틀림없지만, 저

---

212) 『湛軒書』 內集 卷3, 「又答直齋書」, "今時之夷狄也, 以其久居中國, 務其遠圖, 稍尙禮義, 略倣忠孝, 殺伐之性, 禽獸之行, 不若其初起之甚."

들이 점거하고 있는 땅이 하·은·주 삼대 이래, 한·당·송·명의 중국이 아니고 무엇인가. 그곳에서 나서 살고 있는 사람들이 하·은·주 삼대 이래, 한·당·송·명의 후손이 아니고 무엇인가.[213]

중국을 통치하고 있는 자는 이적임에는 틀림없지만, 저들이 점거하고 있는 땅과 그곳에서 살고 있는 사람들은 모두 하·은·주 삼대 이래, 중화의 유지(遺地)·후손 그대로라는 지극히 담헌과 흡사한 논변을 가하고 있다. 이것은 왕조와 문화를 일체시하는 것이 아니라 유한적인 왕조는 같은 토지와 같은 백성에 의해 이룩되어 무한히 계승되는 문화와는 기본적으로 별개의 것으로 보는 태도이다. 그러므로 화이지분을 승인하더라도 청에 지배된 중원으로부터 배워야 한다는 이론이 성립할 수 있는 것이다.[214]
　다시, 다음의 연암과 초정의 두 논변에 주목해 보자.

　"우리나라 사대부로 춘추대의·존화양이를 주장하는 사람들이 우뚝우뚝 줄달아 출현하여 백년을 하루같이 줄기차게 이어왔으니 장하다 할만하다. 그러나 존주(尊周)는 존주이고 이적은 이적이다. 중화의 성곽·궁실·인민은 예와 같이 그대로 남아 있고, 정덕(正德)·이용·후생의 수단은 그대로이다. 최씨·노씨·왕씨·사씨의 씨족은 없어지지 않고 있으며, 주자(周子)·장자(張子)·정자(程子)·주자(朱子)의 학문은 사라지지 않고 있다. 삼대 이후 성제(聖帝)·명왕(明王)과 한·당·송·명의 양법(良法)·미제(美制)가 진실로 변하지 않고 있다. ……공자가 『춘추』

---

213) 『燕巖集』 卷7, 「北學議 序」, "如將學問, 舍中國而何. 然其言曰, 今之主中國者, 夷狄也, 恥學焉, 并與中國之故常而鄙夷之. 彼誠薙髮左衽, 然其所據之地, 豈非三代以來, 漢唐宋明之函夏乎. 其生于此土之中者, 豈非三代以來漢唐宋明之遺黎乎."

214) 閔斗基, 「熱河日記의 一硏究」, 『歷史學報』 第20輯, 1963, 88쪽.

를 지은 것은 물론 존화양이를 위한 것임에 틀림없다. 하지만, 이적이
중화를 어지럽힌 것에 분개하여 중화의 그 존숭할 만한 내용까지를 같이
몰아다가 배척하였다는 일은 아직 들어보지 못했다."215)

"존주는 존주이고 이적은 이적이다. 대저 주와 이적은 반드시 구분이
있었다. 이적이 중화를 어지럽혀 오래된 주를 물리쳤다는 말은 듣지 못
했다. ……사대부로서 『춘추』의 존주양이(尊周攘夷)를 말하는 자들은
그 뜻이 허황됨에도 불구하고 맹렬하여 그 유풍(遺風)이 아직도 남아
있다. 그러나 청이 천하를 차지한지 이미 백여 년이나 되었으나 그 지역
은 옛날 화하 사람들의 자녀와 옥백(玉帛)이 난 곳이며, 궁실·주거(舟
車)·경종(耕種)하는 방법과 최·노·왕·사와 같은 사대부 씨족이 그
대로 살고 있다.216)

여기서도 쉽게 눈에 들어오는 것이 바로 문화와 지배 왕조(정치)를
분리시켜 보려는 태도, 즉 문정분리론이다. 그러나 이 논변에서 연암
이나 초정에게서 공통된 특징으로 나타나는 것은 바로 존주는 존주이
고 이적은 이적이라는 화이를 분명한 어조로 구획짓고 있다는 점이
다. 이것은 당시 정국을 주도하고 있던 명분주의자들에게 북학의 주장
을 합리화시키기 위해 제시된 하나의 방편이었다.

---

215) 『燕巖集』 卷12, 「熱河日記·馹汎隨筆」. "我東士大夫之爲春秋尊攘之論者,
磊落相望, 百年如一日, 可謂盛矣. 然而尊周自尊周也, 夷狄自夷狄也. 中
華之城郭宮室人民固自在也, 正德利用厚生之具, 固自如也. 崔盧王謝之氏
族, 固不廢也, 周張程朱之學問, 固未泯也. 三代以降, 聖帝明王, 漢唐宋
明之良法美制, 固不變也. ……聖人之作春秋, 固爲尊華而攘夷. 然未聞憤
夷狄之猾夏, 並與中華可尊之實而攘之也."

216) 『北學議』 進北學議篇, 「尊周論」. "尊周自尊周也, 夷狄自夷狄也, 夫周之
與夷, 必有分焉, 則未聞以夷之猾夏, 而並與周之久而攘之也. ……士大夫
之爲春秋尊攘之論者, 磊落相望, 其遺風餘烈, 至今猶有存者, 可謂盛矣,
然而淸旣有天下百餘年, 其子女玉帛之所出, 宮室舟車耕種之法, 崔盧王
射士大夫之氏族自在也."

다시 말해서 존귀한 주와 천한 이적의 구획이라는 언변이 의도하는 바는 바로 자신들도 존화양이를 통한 조선중화국 건립이 그들과 동일한 공동 이상임을 은연중에 내보임으로써 그 공신성을 인정받으려고 함에 있었다. 즉 무력에 의한 패도 정치로 천하에 군림하고 있는 청의 정치적·도덕적 야만성과, 이에 대비되는 존귀한 중화 문화는 그래도 명의 유지인 청의 영토 속에 혼연히 건재하고 있음을 먼저 확인시킨다. 그리고 존화와 양이의 구분을 문화와 정치 차원으로 분리하여 청의 정치적 야만성은 단호히 거부돼야 마땅하지만, 문화적으로는 응당 청의 선진 문물을 수용해야 한다는 논리로 연결시킨다. 결국 단순히 이적이 중화를 어지럽힌 것에 분개하여 중화의 그 존숭할 만한 문화의 내용까지도 같이 몰아다가 배척해버리는 역사의 오를 범하지 말라는 일침인 것이다.

초정은 이에 더 강도를 높여 "지금 사람들은 호라는 글자 하나로 중국 천하를 말살하려 한다."[217]고 비판한다. 화이사상이라는 기본 원리를 바탕으로 하는 것은 좋으나, 그 화이사상을 현실에 즉응(卽應)하여 신축성 있게끔 해야지 화이사상을 화석화하고 심장(深藏)하여 교거자존(驕倨自尊)해서는 안 된다는 것이다.[218]

2) 학화양이론

앞에서 학이(學夷)의 금기를 깨고 청의 선진 문물의 수용을 가능케 하는 문정분리의 논리를 살펴보았다. 여기서는 이 문정분리론에서 출발하고 있으면서도 이를 한층 더 강화시켜 전개하고 있는 북학파의

---

217) 『北學議』外篇, 「北學辨 二」, "今人正以一胡字, 抹殺天下."
218) 閔斗基, 「熱河日記의 一研究」, 『歷史學報』第20輯, 1963, 90쪽.

학화양이론에 대해 논해보도록 하겠다. 이것 역시 당시 조선의 국시였던 북벌의 실현을 위한 부국강병책으로 제시되고 있다. 이를테면, 청 속에 내재된 중화의 유법을 배워 이로써 이적을 물리친다는 논리이다.

먼저 이와 관련하여 연암을 보면, "오늘날의 사람들이 진실로 오랑캐를 물리치고자 한다면, 중화의 유법을 남김없이 배워 우선 우리 풍속의 유치하고 우둔함부터 변화시켜야만 할 것이다."[219]라 하여 북벌의 구체적이고도 실질적인 현실책을 제시하고 있다. 이것은 당시 우암 송시열 일계의 고루한 북벌론자들이 오로지 존화양이사상에 사로잡혀 아무런 실천력도 없이 유명무실의 공허한 북벌을 주창한 데 대한 공격이었다.

물론 연암이 북벌을 실제로 감행하고자 한 것은 아니었다. 이것은 단지 당시 조선인의 의식 속에 절대적 관념으로 자리잡고 있는 북벌대의론에 대해 융통성 있게 대응코자 한 것이다. 더 정확하게 말하자면, 외래의 선진 문물을 받아들여서 낙후되고 비합리적인 조선을 개혁하고자 한 의도였다.

그는 이어서 다음과 같이 말한다.

> 농경·양잠과 질그릇 굽기, 대장간 일의 기술에서부터 공업과 상업에 이르기까지 어느 것이고 배워야 한다. 남들이 열을 하면 우리는 백을 노력해서 먼저 우리 백성들을 이롭게 하며, 우리 백성들로 하여금 저들의 견고한 갑옷, 예리한 병기에 수월하게 대항할 수 있게 하고 난 다음에야, 중국에는 별로 볼만한 것이 없다고 해야 할 것이다."[220]

---

219) 『燕巖集』 卷12, 「熱河日記·馹汛隨筆」, "今之人, 誠欲攘夷也, 莫如盡學中華之遺法, 先變我俗之稚魯."
220) 上同. "自耕蠶陶冶, 以至通工惠商, 莫不學焉. 人十己百, 先利吾民, 使吾

즉 연암은 농·공·상 등 모든 분야에 걸쳐서 외부의 선진 기술 문화를 습득·수용하자고 주장한다. 또한 남보다 더욱 열심히 노력해서 이용후생 및 부국강병을 이룩하여, 우리 백성들로 하여금 호이의 견고한 갑옷, 예리한 병기를 깨뜨릴 수 있게 하자고 했다. 이것은 문정분리론의 중화의 유법이라는 그 맥을 연결시켜 청의 선진 문물을 받아들여 저들에게 수월하게 대항하자는 학화양이론의 논리 장치임을 알 수 있다. 그는 이러한 논리를 통해서 우리의 자강책을 강구함은 물론 부국강병의 돌파구를 모색하고자 했다.

> "대체 대의를 천하에 외치고자 한다면 먼저 천하의 호걸들을 사귀지 않고서는 되지 않는 법이다. 남의 나라를 치고자 한다면 먼저 첩자를 쓰지 않고서는 능히 이루지 못할 것이다. ……나라 안의 자제들을 가려 뽑아서 머리를 깎고 호복을 입혀서 사대부는 빈공과를 보게 하고, 그 소인은 멀리 강남(江南)까지 장사로 가서 그 허실(虛實)을 엿보며 그 호걸들과 맺어 둔다면, 천하를 가히 도모하고 국치를 씻을 수 있을 것이다. 만약 주씨(朱氏)를 구하되 얻지 못한다면 천하에 제후들을 거느려 사람을 하늘에 천거한다면 잘되면 대국의 스승이 될 것이요, 그렇지 못한다 해도 백구(伯舅)의 나라는 될 것 아니겠는가."[221]

이 논변에서는 북벌의 실현 방안이 보다 구체적이고 자세하게 제시되고 있다. 그의 생각은 청에 대한 복수설치에 그치지 않고, 천하 제

民制梃, 而足以撻彼之堅甲利兵然後, 謂中國無可觀, 可也."

221) 『燕巖集』 卷14, 「熱河日記·玉匣夜話」, "夫欲聲大義於天下, 而不先交結天下之豪傑者, 未之有也. 欲伐人之國, 而不先用謀, 未有能成者也. ……妙選國中之子弟, 薙髮胡服, 其君子往赴賓擧, 其小人遠商江南, 覘其處實結其豪傑, 天下可圖而國恥可雪也. 若求朱氏而不得, 率天下諸侯, 薦人於天, 進可爲大國師, 退不失伯舅之國矣."

패를 위한 천하도모론에까지 미치고 있다. 즉 국치를 씻고 천하 제패마저 도모할 수 있는 방책으로, 소인에서부터 사대부에 이르기까지 작심 분투할 것을 독려하여 교결호걸론(交結豪傑論)과 첩자론을 제기하고 있다.

그리고 호이인 청을 제압한 다음에는 명의 왕손인 주씨 성을 간곡히 구하되 얻지 못하면, 천하 제후를 거느려 무리 중에 가장 뛰어나 덕망 있으며 제왕의 재기를 갖춘 인재를 하늘에 천거하여, 중화의 복원을 성취해낸다는 것이다. 이에 따라 우리 조선은 크게는 대국의 스승이 될 것이요, 작게는 백구국의 위치는 잃지 않을 것임을 피력하고 있다. 이로써 북벌에 대한 연암의 지극히 주체적이고도 구체적인 사고를 엿볼 수가 있다.

또한 초정 박제가는,

> "필부도 또한 원수를 갚으려면 원수의 예리한 칼을 빼앗으려 하는데 오늘의 당당한 천승의 나라로서 대의를 천하에 펴고자 하면서 중국의 법을 한 가지도 배우지 않고 중국의 선비를 한 사람도 사귀지 않으며, 우리 백성만 괴롭게 하여 아무 공도 없이 곤궁과 기아에 빠져 폐하게 되었다. 그리고 백배나 되는 이로움을 버리고 실행하지 않으니, 중국에 있는 오랑캐를 물리칠 겨를이 없이 우리나라의 오랑캐 같은 풍속도 다 물리치지 못하는 것을 나는 염려한다.222)

초정은 당당한 천승의 나라인 우리 조선이 대명의리·대청복수의 궁극적 실천인 북벌대의를 천하에 펴고자 하면서도, 중화의 유법을

---

222) 『北學議』 進北學議篇,「尊周論」. "匹夫欲報其讐, 見其讐之佩利刀也, 則思所以奪之, 今也, 以堂堂千乘之國, 欲伸大義於天下, 而不學中國之一法, 不交中國之一士, 使吾民勞苦而無功, 窮餓而自廢. 棄百倍之利而莫之行, 吾恐中國之夷未可攘, 而東國之夷未盡變也."

배우고 중화의 유손(遺孫)과 사귀려고는 아니하고서 무턱대고 화이론적 명분주의에만 얽혀서 폐쇄주의와 고립주의로 일관하고 있다고 힐책한다. 결과적으로 우리 조선의 백성만 괴롭게 하여 아무 공도 없이 곤궁과 기아에 빠져 고통스럽게 만들었다는 것이다. 더욱이, 지금에 와서는 북학을 통한 이용후생과 부국강병의 길을 외면한 나머지, 대륙에 있는 오랑캐를 물리치기는커녕 우리나라의 오랑캐 풍속마저도 다 물리치지 못하게 됨을 또한 개탄하고 있다.

그리하여, 그는 진정한 의미의 대청복수와 대명의리의 존명(尊明)이 무엇인지를 묻는다.

> "그러므로 지금 오랑캐를 물리치려 하면 먼저 누가 오랑캐인 줄 알아야 하며, 중국을 숭상하려면 그들의 법을 다 행하는 것이 더욱 숭상하는 것이다. 대저 명을 위해 원수를 갚고 부끄러움을 씻으려면, 20년을 힘써 중국을 배운 후에 함께 논의하여도 늦지 않을 것이다."[223]

문정분리를 통한 정확한 화와 이의 구분, 즉 초정은 정치적 지배자 오랑캐, 그리고 오랑캐라는 지배 체제하에서 역동적으로 살아 숨쉬며 자약자재하고 있는 문화적 중화를 명확하게 인식하라는 것이다. 이국(夷國) 속의 중화의 우수한 문화적 유산을 배워 조선에 다 실현하여 조선의 오랑캐 풍속을 변화시켜야 한다. 뿐더러, 청의 문화적 선진성까지 함께 배움으로써 조선중화적 부국강병을 이루어 무력으로 천하를 제패한 청의 패도를 공격해 제압하자는 바로 연암과 동일한 학화양이의 논리인 것이다.

---

223) 上同. "故今之人, 欲攘夷也, 莫如先知夷之爲誰, 欲尊中國也, 莫如盡行其法之爲逾尊也. 若復爲前明復仇雪恥之事, 力學中國二十年後共議之, 未晩也."

한편, 이러한 학화양이론적 인식은 그들의 서학관(西學觀)에도 맥이 닿아 다소 변형적인 형태로 나타나고 있다. 말하자면, 그들은 서학에 대하여 이중적 이해 방식을 취하고 있다. 서교(西敎)는 물리치되 서구과학기술인 서기(西器)는 받아들이고자 하는 인식의 양면성이 그것이다. 이것은 정신적 문화는 전통적인 것을 계속 유지하면서 기술·기기(機器)의 물질적 측면만을 수용코자224) 했던, 근대 개화파의 진보적 인사들의 동도서기론(東道西器論)225)적 발상과 유사하다고 하겠다.

　"지금 서양의 법은 수리를 기본으로 삼고 의기(儀器)로 참작하여 만물을 헤아리고 만상을 살펴 천하의 원근·고저·거세(巨細)·경중 등을 모두 목전에 모아놓고 마치 손바닥을 보는 것처럼 하니, 이런 일은 한·당에서도 없었다고 하여도 결코 망언이 아닐 것이다."226)

이렇듯이 담헌은 서구과학기술의 뛰어난 점에 대해서는 극찬을 아끼지 않고 있다. 그렇지만 한편에서는,

　"하늘과 역법을 논함에는 서법(西法)이 매우 높아서 전인 미개(未開)의 것을 개척했다고 하겠다. 다만 천주학만은 오유(吾儒)의 상제 이름을 도적질해서 불교의 윤회라는 말로 치장하였으니, 천루하고 가

---

224) 尹絲淳, 「西學에 對한 韓國 近代儒學의 對應」, 次山 安晋吾博士 回甲記念論文集 『東洋學論叢』, 1990, 26쪽.
225) 東道西器論을 개념 정립시킨 학자는 韓㳓劤으로서 「開化當時의 危機意識과 開化思想」(『韓國史硏究』 2, 1968)에서이다.
226) 『湛軒書』 外集 卷7, 「燕記一·劉鮑問答」, "今泰西之法, 本之以籌數, 叅之以儀器, 度萬形窺萬象, 凡天下之遠近高深巨細輕重, 擧集目前如指諸掌, 則謂漢唐所未有者, 非妄也."

소롭다."²²⁷⁾

라고 한 말을 보면, 그의 관심은 오로지 이용후생적 측면에만 경도되었을 뿐, 서교라는 종교성에 대해서는 도외시했음을 알 수 있다. 이와 관련하여 담헌 연기(燕記)에 나오는 서학 관계 기사를 종합해 고찰해보면, 담헌의 학적 관심은 서교적 측면에 있는 것이 아니라 서구과학기술적 측면에, 즉 도(道)적인 것보다 기(器)적인 면에 있었음을 단언할 수 있다.²²⁸⁾

이러한 태도는 연암에게서도 그대로 나타난다. 그는 다음과 같이 서교를 비판한다.

"천주란 천황씨(天皇氏)·반고씨(盤古氏)의 칭호와 같은 것이라 말한다. 다만 그 사람이 치력(治曆)에 능하고 또 그 나라 식으로 집을 짓고 살고 있으며 그들이 하는 업은 부위(浮僞)함을 끊어버리고 성신(誠信)을 귀히 여기며 상제에 소사(昭事)함을 교리로 삼아 충효·자애에 힘쓰고 개과천선에 힘씀을 입문으로 삼아 생사 대사에 준비하여 근심이 없도록 한다. 스스로 궁원소본지학(窮原溯本之學)이라 하나 그 뜻을 세움이 지나치게 고원하며, 또 그 설이 편교(偏巧)하여 교천무인(矯天誣人)하는 죄과에 빠져들고 있음을 알지 못하고 스스로 패의상륜(悖義傷倫)의 허물에 빠져들고 있다."²²⁹⁾

---

227) 『湛軒書』外集 卷2,「杭傳尺牘·乾淨衕筆談」. "論天及曆法, 西法甚高, 可謂發前未發. 但其學, 則竊吾儒上帝之號, 裝之以佛家輪廻之語, 淺陋可笑."
228) 李元淳,「朝鮮後期 實學者의 西學意識」,『歷史敎育』17, 1975, 150쪽.
229) 『燕巖集』卷15,「熱河日記·黃圖紀略·風琴」. "天主者猶言天皇氏·盤古氏之稱也. 但其人善治曆, 以其國之制造屋以居, 其術絶浮僞貴誠信, 昭事上帝爲宗地, 忠孝慈愛爲工務, 遷善改過爲入門, 生死大事有備無患爲究竟. 自謂窮原溯本之學, 然立志過高爲說偏巧, 不知返歸於矯天誣人之科, 而自陷于悖義傷倫之白也."

또 한편, 여기서 특이하게 눈여겨볼 만한 것은 박제가의 서학관이다. 먼저 그의 말을 살펴보면,

"신이 들으니, 중국 흠천감에 책력 꾸미는 서양 사람들은 모두 기하학에 밝으며, 이용후생하는 방법에 정통한다고 합니다. 국가에서 관상감(觀象監)에 쓰는 비용만큼으로써 그 사람들을 초빙하여 대우하고 우리나라 자제에게……등을 배우게 하면, 두어 해가 못되어서 세상을 경륜하는 데에 알맞게 쓸 수 있는 인재가 될 것입니다. ……그들의 교가 천당과 지옥을 독실하게 믿는 것도 불교와 다름이 없습니다. 그러나 후생하는 기구를 잘 아는 것은 또 불교에는 없는 것입니다. 그러하오니 그들로부터 열 가지 기예를 배우고 포교하는 한 가지만 금하면 득이 된다는 계산입니다. 다만 적당하게 대우하지 않으면 초빙하여도 오지 않을까 염려될 뿐입니다."[230]

초정은 서교가 천당·지옥을 독신함은 불교와 다름이 없다고 하겠지만, 후생의 기구 측면에서 보면 불교보다는 더 생산적임을 갈파하고 있다. 그리고 열(技藝)을 취하고 하나(布教)를 금하여 국가적 실리를 얻겠다는 식의 동도서기적 논조는, 앞의 두 선배(湛軒·燕巖)의 그것과 폭이 같다고 하겠다. 하지만, 저들이 기하에 밝고 이용후생의 방법에 정통하고 있다는 등의 서구과학기술의 우수성을 시인하여 양인서교사(洋人西敎士)의 초빙을 직접 제창하고 나섰다-서사초빙론(西士招聘論)-는 점은 당시의 사회 풍조로 볼 때 가히 특기할 만한 일이다.

---

230) 『北學議』外篇, 「附丙午所懷」, "臣聞中國欽天監造曆西人等, 皆明於幾何, 精通利用厚生之方. 國家誠以觀象一監之費, 聘其人而處之, 使國中子弟學,……不數年, 蔚然爲經世適用之材矣. ……雖其爲敎, 篤信堂獄, 與佛無間, 然厚生之具, 則又佛之所無也. 取其十而禁其一, 計之得者也. 但恐待之失宜, 招之不來耳."

여섯째 마당

맺는 말

본 논고는 조선 후기 우리 민족의 대중 인식 고찰에 있어서 그것은 중국의 화이사상과 밀접한 상관관계에 있다고 판단하여 당시의 진보 사상인 북학파의 화이론 극복을 중심으로 다루어진 글이다. 화이명분론은 중세 동아시아의 국제 질서를 규정짓는 이데올로기로 작용하고 있었기 때문에 사실 이 논단은 더욱 설득력을 갖는다. 화이사상이란 중화를 중심으로 하여 사이(四夷)와의 관계를 계층적 질서로 규정하려는 한족 중심의 세계질서관으로시 본래 지리적·종족적인 면과 문화적인 면이 복합된 개념이었다. 그러나 점차적인 역사의 변천에 따라 지리적·종족적 개념보다는 문화적·윤리적 개념이라는 인식이 더욱 강화되어 나타났다. 아울러, 그것은 강력한 정치·군사·문화적 한족민족주의임과 동시에 제국주의적 성향을 내포하기도 한다. 이러한 화이사상은 특히 남송의 주자에게 와서 여실히 드러난다. 이민족인 금의 도전을 받아 첨예하게 대치하고 있던 상황하에서 그는 주전론을 견지하여 반금적 양이사상을 강변하였으니, 이는 곧 중화관에 입각한 화이사상의 연장선상에서 이루어진 논리 다름 아니었다.

그런데 주목되는 점은 인조(仁祖) 13년(1636) 조선에서도 호이로만 인식해 오던 청의 침략을 당하여 병자호란이라는 엄청난 대국난에 휩싸였다는 사실이다. 이 같은 조선의 상황은 바로 금의 도전 아래에 있었던 남송과 비교해 볼 때, 그 시대적 유사점은 실로 다분한 것이었다. 주자의 반금적 양이사상은 급기야 우암 송시열 이후 숭명반청론 및 북벌대의론의 이론적 배경이 되면서, 조선인에게 국가·민족에 대한 거족적인 일체감과 주체자각을 환기시켰다. 뿐더러, 조선이 곧 중화라는 조선중화주의의 세계상을 형성하여 민족사 미증유의 문화자존의식을 고취시켰다. 그리고 이 존화양이적 춘추대의의 도맥(道脈)은 근대 위정척사론에 그대로 이어져 무력에 의거한 반도덕적 외세의 일체 침략 행위를 응징하고자 했던 의병 항쟁의 사상적 연원이 되는 등, 각기 그 시대적 차원에서 상당 부분 역사적 순기능을 하고 있음을 볼 수 있다.

그러나 한 시대를 풍미했던 이 화이명분론은 시세 변화의 급류에 적극적으로 대응하지 못하고 갈수록 그 의미가 퇴색해 경직화되고 교조주의화되어 갔다. 말하자면, 민족사의 역기능으로 그 한계점을 드러내어 한편으로 그 극복 대상의 초점이 되었던 것이다. 이는 대내적으로 조선의 학풍을 일관 경색시켜 주자학 일색의 편향성을 조장함은 물론 현실과 괴리되는 허학적이고 내성적인 학문 경향성을 띠게 했다. 더욱이, 17·18세기 존화양이사상이 그대로 조선인의 의식에 굳건히 유지되고 있는 한은 청은 항상 배척해야 할 이적으로 전락되게 마련이었으며, 또한 호이가 지배하는 중원은 이미 중화로서의 그 자격이 상실되고 마는 것이었다. 이러한 의식은 곧바로 대외적 인식에까지 파급되어 객관적인 가치 판단을 전제로 하는 올바른 대외관 형성에 그 차단막이 되어 국익을 위한 국제 외교 및 교역 활동에 심대한 위해(危害)를 가하였다. 즉 한반도 전체를 1세기가 넘도록 폐쇄적 고립주의에 빠져들게 하였다. 종국에는 자국의 문화·정치·경제적 허약성과 낙후성을 노정시켜 그 비판의 대상이 되었던 것이다. 게다가, 이는 근대의 벽위사상 및 위정척사사상에도 계승되어 양이, 왜이에 대한 지극히 대결적·배타적 성향으로 작용하였음은 주지된 사실이다.

엄밀하게 말해서 근대로 향한 사상적 여명은 화이사상을 기반으로 하여 시대적 헤게모니를 쥐고 있는 당시 경화된 정치적·사상적 이념의 제한으로부터 스스로 자유로울 수 있는 화이일론적 세계관에서 비롯되었다고 할 수 있다. 민족 자주와 근대 지향의 개화사상이 바로 북학사상에서 이어받은 사상적 핵이 다름 아닌 화이일론적 세계관이라는 점을 상기해 볼 때 이는 상당한 설득력을 얻고 있다. 이처럼 근대성 촉발이라는 민족사 가능성의 차원에서, 북학사상의 그 시발이 갖는 의미는 바로 고정 불변으로 고착화된 명분론적 화이관의 철학적 극복이라는 점에 주목할 필요가 있다.

이와 관련하여 본 논고는 조선 후기 현실 인식이 시대직 서해 요소로 조선인의 이념과 의식에 깊게 착근되어 있던 숭명배청적 사유 방식에서 벗어나, 북벌에서 북학으로 방향 전환될 수 있었던 북학파의 그 철학성은 무엇이었는지, 그리고 이를 가능하게 했던 북학사상의 그 새로운 사상 체계는 어떻게 형성되었는지에 맞춰졌다. 그 결과 이것은 내외발적 요인에 따른 북학파 실학자들의 세계관 변화에서 기인하고 있음이 해명되었다. 원론적으로 볼 때 사실 북학자들은 기본적으로 명분론을 극복하여 사상적 해방을 이미 획득하였다고 할 수 있다. 실학의 실사구시란 말이 어떤 특정한 시기에 처해서 그 사회의 속상(俗尙), 학술의 풍토에 대응하는 논리로서 반성의 정신을 고도로 축약한 형식이기[231] 때문이다. 어쨌든 한국 실학사상의 전반에 걸쳐 하나로 관통되고 있는 경세에 중점을 두어 화와 이를 초월한 곳에서 실사구시한다는 실증성과 이용후생적 공리성은 북학파에게도 관통되고 있었다. 그러나 이 글의 주요 논점은 북학파의 화이명분론 극복의 그 중요한 기점이 되었던 바로 세계 인식에 대한 획기적인 관점의 전환 즉 상대화·객관화, 그리고 이에 연산(演算)된 보편동일시적 가치균등론에 있었다. 아울러, 이러한 획기적인 세계관 변화를 가능하게 했던 그 사상적·학문적인 힘의 원동력을 두 가지로 나누어 살펴보았다.

그 하나는 내인적인 면으로 전통 학풍에서 유전된 형이상학적인 인성론에서 성(本然之性)을 규정지을 때, 인간의 속성과 인간 이외 존재자의 속성 탐색에 있어 특수성·특유성과 보편성·통유성의 택일 중 그 보편 원리(離看·不雜)를 선택·강조한다는 점에서 분명히 율곡학과 낙학으로 연결되는 학문적 유산을 물려받고 있다는 사실이다. 즉 북학자들은 낙론의 인물성동론의 기본적인 형식에서 연역되는 논리 구조를 유전 받아, 차별성·특수성·개별성으로 상징되는 기국적(氣局的) 장벽을 극복하고 동일성·보편성·전일성으로 상징되는 이

---

231) 林熒澤, 『實事求是의 韓國學』, 창작과비평사, 2000, 124쪽.

통적(理通的)인 그 소통성에 입각했던 것이다. 이것은 곧 상대도 나와 동일한 존귀성이 내재한다는 의식과 동시에 상대의 입장에서 상대를 고려할 줄 아는 관점의 상대화를 터득하게 했다. 더 나아가서는 상대와 내가 합일될 수 있는 궁극적인 보편 원리의 연원을 탐색하던 중에 『중용』의 천명지위성(天命之謂性)이라는 형이상학적 전거에서 오는 보편동일원리의 시발자인 천(天)의 객관적인 시각에 도달하여 마침내 그들의 의식에서 보편동일시로의 회귀적 관점이 성취되기에 이른다. 그들은 이를 통해서 자연계 전체 생명체의 상호 절대적 평등 가치를 보장받고자 기도했던 것이다.

그리고 다른 하나는 외인적인 면으로 당시 중국을 통해 수용된 천문학을 비롯한 서양 과학의 영향을 받아 새로운 과학적 세계관의 형성, 즉 지원설, 지전설 및 우주무한설 등 과학실증적 자연우주관에서 오는 세계 인식에 대한 지리적·공간적인 상대화·객관화, 그리고 이를 과학적 지식에서만 그치지 않고 사상적 차원에까지 승화시킴-보편동일시-으로써 중화적 세계관을 극복하고 있다는 점이다. 종래의 천원지방·천동지정의 우주관과 세계관은 중국 중심의 천하관을 만들어 내어 중세적 국제 질서 및 사회 질서를 합리화하여 각 민족 국가의 자주성 확립 내지는 주체적 발전을 제약하는 하나의 질곡으로 자리잡고 있었다. 과학의 기본이 잘못 결정된 정신을 바로잡는 데에 있다[232]고 보았을 때, 이러한 인식의 결점은 북학자들의 과학적 탐구에 의해서 하나씩 와해되어 갔다. 즉 홍대용과 박지원의 지원설 및 지전설, 그리고 우주무한설 등의 과학실증적 자연우주관은 중국 중심의 중화사상을 사상적으로 뒷받침하고 있는 전통적 천원지방설을 그

---

232) 梁在赫, 『東洋思想과 마르크시즘』, 일월서각, 1987, 12쪽.

근간부터 흔들고 있었던 것이다.

이렇듯이 내외발적 요인에 따른 그들의 획기적인 세계관의 변화는 화이등차론에 대한 화이등가론 제기로 그 철학적인 극점을 이룬다. 그리고 이것은 북학자들의 의식 속에서 파생·성숙되어 마침내 근대 지향적인 민족주체의식으로 이어진다. 사실, 올바른 주체란 세계의 보편 진리와 긴밀하게 연결되어 있어야 한다. 동시에, 고유한 자기 안의 본질에 대한 철저한 자각과 자기 준거의 정립(正立)이 선행되어 야 한다. 이러한 세계 보편과 자기 가치에 역점을 두는 올바른 주체 라는 측면에서 볼 때, 진정한 자민족의 정체성(正體性)에 대한 자각 은 기존의 중화 의식을 승인하고서는 성숙되기 어렵다고 할 것이다. 그런데 북학파의 균시방국(均是邦國)이라는 화이등가의식이 획득됨에 따라, 비로소 민족적 정체성은 화국(華國)·화족(華族)으로부터 구별 되는 한민족 그 자체에서 자각되고 모색되었다. 이러한 면모는 담헌 의 자주적 역사·대외 인식, 그리고 연암의 주체적 영토관과 문학관 에서 생동감 있게 연출되고 있다.

한편 외래 선진 문화를 수용하여 자국에 문화적·사상적 활력을 불 어넣겠다는 북학의 구호가 단지 공허한 관념으로만 그치지 않고 현실 세계에 직접 투영·구현될 수 있도록 북학자들은 하나의 응변적 논리 장치를 만들어낸다. 바로 북학의 현실구현론인 문정분리와 학화양이 의 논리가 그것이다. 이것은 화이일론적 세계관이 전제된 북학의 현 실구현이라는 차원에서 이해해야 합당하다. 왜냐하면, 당시 현실 장 벽으로 조선 내에 절대적 대세로 자리잡고 있던 존화양이적 북벌대의 론과의 신축성·융통성 있게끔 하고자 한 북학자들의 실천적 신념 체 계였기 때문이다.

이데올로기란 국제 관계 속에서 개별 국가의 한 외교 형태의 표출

양식이라 할 수 있으며, 또한 외교 정책의 합리성을 부여해 주기도 한다. 이런 점에서 조선 후기 화이명분론은 대내외의 어려운 상황하에서, 청과는 이해(利害) 관계로 명에게서는 문화 가치적 의리 관계로 설정하여 그 대처 능력을 강화시키는가 하면, 내수외양(內修外揚)의 자강책 모색과 조선중화주의적 주체성 확립 등 일정 부분 역사적 순기능으로 작용했던 것도 사실이다. 그러나 한편으로는 선(鮮)·청(淸) 양국 교류를 둔화시킴은 물론 현실 인식을 방해함으로써, 선진 문화와의 끊임없는 신진대사를 통한 창조적 문화재구성의 활로를 경직되게 하는 등 외교 역기능의 면도 함께 지적되고 있다.

이것은 오늘날의 동서(東西) 냉전 이념의 강약에 따른 한중 국교 단절과 정상화라는 시대성과 많은 유사점을 보인다. 논지컨대, 북방에 대한 이데올로기적 쇄국 시대에서 화합과 실리적 개방·개척의 시대로 진행하고 있다는 말이다. 이처럼 21세기 북방 정책의 주 대상국인 중국과의 바람직한 관계 설정과 대중관 정립 차원에서 반세기 간의 대중 인식의 긴 공백을 감안할 때, 북학파의 화이론 극복을 통해 본 그들의 치열한 사상 개조와 자기 준비는 우리에게 큰 역사적 교훈이 아닐 수 없다.

끝으로 덧붙이자면, 잘못된 이념은 어떤 권위의 요청에서 비롯되는 것이다. 그리고 그 권위는 역사적으로 끊임없이 비호되기 마련이다. 화이사상 역시 여기에 편승되는 면이 많았다. 그것은 현재까지도 중국 공산당의 중화민족주의 강화 노선상에서 재생산되는 조짐으로 현재성을 띠고 있다. 이와 관련하여 만일 현 중국 정부가 여러 내우외환의 타결책으로 중화문화제국주의의 부활을 꿈꾼다면, 이것은 또 하나의 중심 문화의 강권일 수밖에 없다. 이로 볼 때 북학파의 화이일론의 현대적 의미는 이러한 문화강권주의에 대한 억제와 저항에 있다고 하겠다. 다시 말해서, 화이일론이 과거의 전통 시대에는 특권적 중심 문화를 향한 소외된 주변 문화의 결손된 권리 찾기였다면, 이제 그것은 우리는 하나라는 상호 동일성의 평화공존의식이라 할 것이다.

〔參考文獻〕

1. 原 典

『論語』.

『孟子』.

『史記』.

『朱子大全』.

『朱子語類』.

『春秋胡氏傳』.

洪大容, 『湛軒書』.

朴珪壽, 『瓛齋集』.

宋時烈, 『宋子大全』.

李柬, 『巍巖遺稿』, 1977.

韓元震, 『南塘集』 上・下, 1976.

朴趾源, 『燕巖集』, 景仁文化社, 1974.

朴齊家, 李翼成 譯 『北學議』, 乙酉文化社, 1994.

李珥, 『栗谷全書』, 成均館大學校 大東文化研究院, 1978.

『中國大百科全書〈哲學〉下』, 中國大百科全書出版社 北京・上海, 1987. 10.

2. 單行本

劉奉學, 『燕巖一派 北學思想 研究』, 一志社, 1995.

鄭玉子, 『朝鮮後期 歷史의 理解』, 一志社, 1995.

梁在赫, 『東洋思想과 마르크시즘』, 일월서각, 1987.

梁在悅, 「南塘 韓元震의 人物性不同論에 關한 考察-性의 槪念을 中心으로-」, 『朝鮮朝 儒學思想의 探究』, 驪江出版社, 1988.

李愛熙, 「退溪 李滉의 人物性論」, 『人性物性論』, 한길사, 1994.

崔英辰, 「蘆沙 奇正鎭의 理一分殊說에 關한 考察」, 『朝鮮朝 儒學思想의 探究』, 驪江出版社, 1988.

崔英辰, 「木山 李基敬의 人物性論」, 『人性物性論』, 한길사, 1994.

裵宗鎬, 『韓國儒學史』, 延世大學校 出版部, 1990.

裵宗鎬, 『韓國儒學資料集成』 上, 解題, 延世大學校 出版部, 1980.

孫炯富, 『朴珪壽의 開化思想 研究』, 一潮閣, 1997.

崔完秀, 「朝鮮 王朝의 文化絶頂期, 眞景時代」, 『眞景時代 1』, 돌베개, 1998.

尹絲淳, 「人性物性의 同異論辯에 對한 研究」, 『人性物性論』, 한길사, 1994.

尹絲淳, 『韓國의 性理學과 實學』, 삼인, 1998.

張淑必, 「栗谷 李珥의 理通氣局說과 人物性論」, 『人性物性論』, 한길사, 1994.

金文鎔, 「北學派의 人物性同論」, 『人性物性論』, 한길사, 1994.

朴鶴來, 「洪大容의 實學的 人間觀」, 『實學의 哲學』, 예문서원, 1997.

李賢九, 「西洋 科學과 朝鮮 後期 實學」, 『實學思想과 近代性』, 예문서원, 1998.

金炯贊, 「朴趾源 實學 思想의 哲學的 基盤」, 『實學의 哲學』, 예문서원, 1997.

羅佑權, 「朴齊家의 實學 思想」, 『實學의 哲學』, 예문서원, 1997.

李完宰, 『初期開化思想研究』, 民族文化社, 1989.

朱七星, 『實學派의 哲學思想』, 예문서원, 1996.

姜在彦, 『韓國近代史研究』, 청아출판사, 1988.

姜在彦 著·鄭昌烈 譯, 『韓國의 開化思想』, 比峰出版社, 1981.

朴忠錫,『韓國政治思想史』, 三英社, 1982.

柳承國,『韓國思想과 現代』, 東方學術研究院 出版部, 1988.

琴章泰,『韓國近代의 儒教思想』, 서울大學校 出版部, 1993.

崔韶子,『東西文化交流史研究』, 三英社, 1987.

陳尙勝,『中韓交流三千年』, 中華書局出版, 1997.

李春植,『中華思想』, 교보문고, 1998.

林熒澤,『實事求是의 韓國學』, 창작과비평사, 2000.

3. 論 文

1) 學位論文

李相益,『湖洛論爭의 根本問題 研究』, 成大 大學院 碩士學位論文, 1986.

金仁圭,『北學思想研究-學問的 基盤과 近代的 性格을 中心으로-』, 成大 大學院 博士學位論文, 1998.

吳錫源,『十九世紀 韓國 道學派의 義理思想에 關한 研究』, 成大 大學院 博士學位論文, 1992.

2) 一般論文

尹絲淳,「西學에 對한 韓國 近代儒學의 對應」, 次山 安晋吾博士 回甲記念 論文集『東洋學論叢』, 1990.

金仁圭,「燕巖 朴趾源의 自然觀과 歷史意識」,『東洋古典研究』第3輯, 東洋古典學會, 1994. 10.

金仁圭,「洪大容 實學思想의 近代志向性」,『韓國哲學論集』1, 韓國哲學史研究會, 1991.

吳圭烈,「中國의 對韓 國交正常化 決定要因 分析」,『現代中國研究』第2輯.

韓右劤,「開化當時의 危機意識과 開化思想」,『韓國史研究』2, 1968.

琴章泰,「明清思想의 受容과 朝鮮後期 實學의 樣相」,『宗教學研究』第13輯.

서울대, 1994.

李相益, 「韓末에 있어서 民族的 主體性과 世界的 普遍性의 問題」, 『韓國哲學論集』 第6輯, 韓國哲學史研究會, 1997.

李相益, 「洛學에서 北學으로의 思想的 發展」, 『哲學』 제46집, 1996 봄.

林熒澤, 「燕巖의 主體意識과 世界認識 - 『熱河日記』 分析의 視角 - 」, 『第3回 東洋學國際學術會議論文集』, 成大, 1986.

閔斗基, 「熱河日記의 一研究」, 『歷史學報』 第20輯, 1963.

朴星來, 「洪大容의 科學思想」, 『韓國學報(23)』, 1981.

崔英辰, 「朝鮮朝 儒學思想史의 分類方式과 그 問題點 - 主理·主氣의 問題를 中心으로 - 」, 『韓國思想史學』, 제8집, 韓國思想史學會, 1997.

崔英辰, 「栗谷思想의 構造的 理解」, 『계간 사상』, 가을호, 1993.

金炯贊, 「性의 構造와 理·氣의 不離·不雜性에 關한 研究 - 李柬과 韓元震의 人性物性論爭을 中心으로 - 」, 『東洋哲學』 第7輯, 韓國東洋哲學會, 1996.

南相樂, 「楚亭 朴齊家 實學思想의 社會哲學的 意義」, 『大東文化研究』 제27집, 成大 大東文化研究院, 1992.

孫承喆, 「北學議의 〈尊周論〉에 對한 性格 分析」, 『人文學研究』 17, 江原大, 1983. - 孫承喆, 「北學의 中華的 世界觀 克服 - 그 展開過程 理解를 爲한 序說 - 」, 『江原大論文集』 15, 1981.

李元淳, 「韓國近代文化의 西歐的 基礎」, 『韓國史研』 1, 精文研, 1980.

李元淳, 「朝鮮後期 實學者의 西學意識」, 『歷史教育』 17, 1975.

金容憲, 「西洋科學에 對한 洪大容의 理解와 그 哲學的 基盤」, 『哲學』 제43집, 韓國哲學會, 1995 봄.

許宗恩, 「서양 우주론의 최초 수용 - 大谷 金錫文 - 」, 『韓國實學思想史』 韓國哲學史研究會, 도서출판 다운샘, 2000.

小川晴久, 「地轉(動)說에서 宇宙無限論으로 - 金錫文과 洪大容의 世界 - 」, 『東方學誌』 21, 1979.

小川晴久, 「慕華와 自尊 사이 - 18世紀 朝鮮 知識人 洪大容의 中國觀 - 」,

『月刊朝鮮』, NO.7·8, 1981.

趙珖, 「韓國近代文化의 實學的 基礎」, 『韓國史學』 1, 精文研, 1980.

許南進, 「洪大容(1731-1783)의 科學思想과 理氣論」, 『아시아文化』 第9
　　輯, 翰林大, 1993.

葛榮晉, 「淸代文化와 朝鮮實學」, 『韓國實學研究』 第2號, 韓國實學研究會,
　　2000.

成復旺, 「走向人的解放 - 從王陽明到李贄」, 中國實學研究會 編 『中韓實學
　　史研究』, 中國人民大學出版社, 1998.

[저자소개]

69년 대한민국 전남 영암에서 출생하였다. 2006년도 2월에 성균관대학교 동양철학과에서 『주겸지 문화철학 연구』를 주제로 박사 학위를 취득했다. 논문으로는 『북학파의 화이관 연구』, 『현대 문명패러다임 비판과 대안』, 『주겸지의 생애와 학문』 등이 있고, 번역서로는 『중국이 만든 유럽의 근대』(주겸지 저), 『문화철학』(주겸지 저)이 있다. 현재 중국의 저명한 원로 학자 蒙培元 교수 지도 아래 한국학술진흥재단 지원 중국사회과학원 철학연구소 방문학자로서 과제 『근대 유럽 계몽주의에 대한 宋儒理學의 영향과 그 문화철학적 의미』를 중심으로 연구 중에 있다.

조선후기 북학파의 대중관 이해

• 초판 인쇄	2006년 12월 1일
• 초판 발행	2006년 12월 1일
• 지 은 이	전홍석
• 펴 낸 이	채종준
• 펴 낸 곳	한국학술정보㈜
	경기도 파주시 교하읍 문발리 526-2
	파주출판문화정보산업단지
	전화 031) 908-3181(대표) · 팩스 031) 908-3189
	홈페이지 http://www.kstudy.com
	e-mail(출판사업팀사업부) publish@kstudy.com
• 등 록	제일산-115호.(2000. 6. 19)
• 가 격	18,000원

ISBN   89-534-6140-5 93150 (Paper Book)
               89-534-6141-3 98150 (e-Book)